Vassilia Triarchi-Herrmann

Mehrsprachige Erziehung

Wie Sie Ihr Kind fördern

Mit 8 Abbildungen

Ernst Reinhardt Verlag München Basel

Dr. *Vassilia Triarchi-Herrmann* ist Dozentin an der Akademie für Lehrerfortbildung und Personalführung Dillingen und Lehrbeauftragte an der Ludwig-Maximilians-Universität München — dort an der Fakultät für Psychologie und Pädagogik — sowie Sprachtherapeutin und Lehrerin für zweisprachige Kinder. Sie ist Mutter einer zweisprachig erzogenen Tochter.

Titelfoto: Getty Images, Fotograf: Simon Watson

Bibliografische Information der Deutschen Bibliothek

Die Deutsche Bibliothek verzeichnet diese Publikation in der Deutschen Nationalbibliografie; detaillierte bibliografische Daten sind im Internet über <http://dnb.ddb.de> abrufbar.
ISBN 3-497-01671-3
ISSN 0720-8707

© 2003 by Ernst Reinhardt, GmbH & Co KG, Verlag, München

Dieses Werk, einschließlich aller seiner Teile, ist urheberrechtlich geschützt. Jede Verwertung außerhalb der engen Grenzen des Urheberrechtsgesetzes ist ohne schriftliche Zustimmung der Ernst Reinhardt GmbH & Co KG, München, unzulässig und strafbar. Das gilt insbesondere für Vervielfältigungen, Übersetzungen in andere Sprachen, Mikroverfilmungen und für die Einspeicherung und Verarbeitung in elektronischen Systemen.

Printed in Germany
Reihenkonzeption Umschlag: Oliver Linke, Augsburg
Satz: ew print & medien service gmbh, Würzburg
Druck und Bindung: Friedrich Pustet, Regensburg

Ernst Reinhardt Verlag, Postfach 38 02 80, D-80615 München
Net: www.reinhardt-verlag.de   Mail: info@reinhardt-verlag.de

Inhalt

Geleitwort 9

Vorwort 11

1 Grundlagen zur Thematik der Zweisprachigkeit 17
Zweisprachigkeit, ein altes Phänomen? 17
Was ist Zweisprachigkeit? 18
Zweisprachigkeit, eine besondere Sprachfähigkeit? 21
Verschiedene Arten von Zweisprachigkeit 22
Simultane und sukzessive Zweisprachigkeit .. 23
Natürliche und kulturelle Zweisprachigkeit .. 24
Additive und subtraktive Zweisprachigkeit ... 26
Doppelte Halbsprachigkeit 29
Was versteht man unter Mutter- bzw. Vatersprache und was unter Erst- und Zweitsprache? 31
Was ist Familiensprache und was Umgebungssprache? 32
Was heißt starke bzw. schwache Sprache in der zweisprachigen Erziehung? 34
Welche besonderen Sprachmerkmale tauchen bei Zweisprachigen auf? 37
Interferenzen 38
Das Code-switching (Kodewechsel oder Umschalten) 44
Sprachmischungen (Code-Mixing) 46

2 Die Sprachentwicklung bei Zweisprachigkeit . 49
Wie wird man zweisprachig? 49
Die zweisprachige Sprachentwicklung 49
Der frühere Zweitspracherwerb 53
Der spätere Zweitspracherwerb 54
Lernen zweisprachige Kinder anders sprechen
 als einsprachige? 57
Wie lernt ein Kind sprechen? 57
*Welches sind die Besonderheiten der
zweisprachigen Sprachentwicklung?* 67
Zusammenfassung 74

**3 Zweisprachige Sprachentwicklung und
Sprachentwicklungsstörungen** 76
Sind Verzögerungen bei einer zweisprachigen
 Sprachentwicklung normal? 76
Warum entwickelt sich die eine Sprache
 ‚normal', während die andere zurückbleibt? 77
Verursacht Zweisprachigkeit eine Sprach-
 störung? 78
Welche Sprachstörungen treten bei einer
 zweisprachigen Sprachentwicklung auf? 81
Stammeln 83
Dysgrammatismus 85
Sprachentwicklungsstörungen 85
Stottern 86
Wie soll ich mich verhalten, wenn mein Kind
 nicht ‚normal' sprcht? 89
Zusammenfassung 91

4 Der Einfluss der Zweisprachigkeit auf die kindliche Entwicklung 92
   Zweisprachigkeit: Chance oder Gefahr für die kindliche Entwicklung? 92
   Zweisprachige Erziehung: Eine Überforderung für das Kind? 93
   Sind zweisprachige Kinder sogar intelligenter als einsprachige? 95
   Was ist bei einer zweisprachigen Entwicklung zu beachten? 98
   Was beeinflusst die Entwicklung zweisprachiger Kinder? 101
    Die sozio-kulturellen Bedingungen 102
    Die emotionalen Faktoren 103
    Die sprachlichen Bedingungen 105
   Zusammenfassung 107

5 Tipps für den zweisprachigen Alltag mit Kindern 109
   Was kann ich tun, was soll ich vermeiden? Fünf Prinzipien für den Alltag 110
    1. Prinzip: Sprechen Sie mit Ihrem Kind soviel wie möglich 110
    2. Prinzip: Sprechen Sie mit Ihrem Kind nur in Ihrer Muttersprache, nach dem Motto: „Eine Person – eine Sprache" 113
    3. Prinzip: Vermeiden Sie jede Art von Sprachmischung 119
    4. Prinzip: Sorgen Sie dafür, dass beide Sprachen dem Kind mit möglichst gleicher Zuwendung, aber auch Gründlichkeit nahe gebracht werden 120
    5. Prinzip: Vermitteln Sie Ihrem Kind eine positive Einstellung zu seiner Zweisprachigkeit 126

Anhang 130

　Glossar 130
　Literatur 133
　　Fachbücher 133
　　Broschüren 134
　　Arbeitsbücher für mehrsprachige Sprachförderung 134
　　Mehr- und anderssprachige Kinderbücher 135
　Adressen 135

Geleitwort

Dass etwa die Hälfte der Kinder in der Welt in einem Kontext aufwächst, in dem Bilingualität selbstverständlich ist, ist wenig bekannt. So gesehen verwundert es auch kaum, welche geringe Bedeutung ihr im Bildungssystem und in der öffentlichen Diskussion bislang eingeräumt wurde. Die meisten europäischen und viele außereuropäischen Bildungssysteme neigen dazu, einer monolingualen und monokulturellen Bildung Priorität einzuräumen. Andererseits gibt es beredte Ausnahmen, etwa Luxemburg oder die Schweiz, Länder, in denen Zwei- oder sogar Dreisprachigkeit selbstverständlich ist.

Seit Beginn der 90er Jahre und verstärkt seit 1995 lässt sich auch bei uns eine Entwicklung beobachten, die kulturelle Diversität und soziale Komplexität neu bewertet und nicht mehr zu ignorieren oder gar zu eliminieren versucht. Zunehmend wird erkannt, dass beide den Erfahrungshintergrund beim Lernen verbreitern und entsprechend genutzt werden sollten. In der Folge wird auch die Frage nach einer bilingualen Entwicklung und Erziehung von Kindern neu bewertet. Linguale Diversität wird nun als Reichtum betrachtet. Und auch die Politik beginnt dieser Entwicklung Rechnung zu tragen, indem sie Bereitschaft zeigt, den Beginn des Fremdsprachenerwerbs im Bildungssystem vorzuverlegen.

Das Buch von Frau Dr. Triarchi-Herrmann erscheint also zu einem günstigen Zeitpunkt. Es behandelt Bilingualität als ein alltägliches Phänomen – man denke nur an die etwa 17% binationalen Ehen in Deutschland und an die neue Normalität in den Tageseinrichtungen und in den Schulen, die einen hohen Anteil von Kindern aus einem anderen kulturellen Hintergrund aufweisen, oder an die Kinder, deren Eltern auf der Suche nach Arbeit auswandern müssen.

Die Stärke dieses Buches liegt darin, dass es gerade diese neue Situation vor Augen hält und theoretisch fundierte und praktisch relevante Problemstellungen behandelt. Seine klare Gliederung und die problemorientierte Darstellung machen diese Arbeit zu einem unentbehrlichen Ratgeber für Eltern wie Fachkräfte aus Kindergarten, Hort und Schule. Das Buch vermittelt Einsichten in verständlicher Weise, zeigt Wege für die Umsetzung auf, baut Ängste ab und ermutigt zu dem, was an sich längst zur Selbstverständlichkeit vorschulischer und schulischer Bildung hätte werden sollen, nämlich die Erkenntnis, dass Kinder in der Lage sind, früh und spielerisch eine zweite Sprache zu erwerben. Allerdings muss der Vermittlungsprozess altersgerecht gestaltet werden.

Die Autorin unterstreicht, dass Bilingualität nicht nur ein genuines Schul- bzw. Bildungsproblem ist, sondern vielmehr die Familie, wie auch die Gesellschaft insgesamt, einzubeziehen sind. Dem Buch ist eine weite Verbreitung zu wünschen.

Prof. Dr. Wassilios E. Fthenakis
München, im Juni 2003

Vorwort

„Die zwei Sprachen, mit denen ich aufgewachsen bin, stellen für mich keine zwei getrennten Universen dar, sondern zwei sich ergänzende Aspekte des einen Universums, in dem ich lebe. Die zwei Sprachen sind zwei Weisen, mich auszudrücken. Die zwei Sprachen sind zwei Linsen, durch die ich die Welt betrachten kann."
Michelle, zweisprachig aufgewachsen (Spanisch-Englisch)
(Schön 1996, 102)

Wenn sich vor fünfzig Jahren ein mehrsprachiges Ehepaar beraten ließ, ob es sein neugeborenes Kind zweisprachig erziehen sollte, rieten die meisten Psychologen und Ärzte davon ab. Man war fast bis in den 70er Jahren der Meinung, dass die zweisprachige Erziehung für jedes Kind eine unzumutbare Belastung sei, eine Überforderung des Kindes verursache und auf jeden Fall zu einer Verzögerung seiner Sprachentwicklung führe. Diese Behauptung bezog sich auf Untersuchungsbefunde der Bilingualismusforschung, die Anfang des letzten Jahrhunderts insbesondere in den Vereinigten Staaten von Amerika durchgeführt wurden. Man stellte damals fest, dass die Mehrheit der zweisprachigen Kinder keine der beiden Sprachen richtig beherrsche. Daraufhin behauptete man, dass die zweisprachig aufgewachsenen Kinder nicht nur in ihrer Sprachentwicklung, sondern auch in ihrer Gesamtentwicklung gefährdet seien. Aus diesem Grund wurde mehrsprachigen Eltern von einer zweisprachigen Erziehung ihrer Kinder abgeraten.

Inzwischen hat sich die Angst vor einer zweisprachigen bzw. mehrsprachigen Erziehung glücklicherweise gelegt. In den meisten Beratungsstellen wird den Eltern binationaler Ehen, deren Zahl übrigens in den letzten Jahrzehnten ständig wächst, dringend empfohlen, ihre Kinder zweisprachig zu erziehen. Man versucht, ihre Zweifel, Bedenken und Ängste mit einer Reihe von Argumenten zu zerstreuen. So hört man inzwischen immer wieder: „Es ist für Ihr Kind eine einmalige Gelegenheit, eine weitere Sprache ohne Probleme zu erlernen. Die Sprache wird in diesem Alter spielerisch, ohne große Anstrengung gelernt. In späteren Jahren wird es wesentlich schwieriger, die Zweitsprache perfekt zu erlernen."

Diese Einstellung der Fachleute änderte sich natürlich nicht von einem Tag auf den anderen. Es war ein langjähriger Prozess, der von vielen Faktoren beeinflusst wurde. Die Ergebnisse zahlreicher Studien der 60er und 70er Jahre haben eine wichtige Rolle gespielt. Man stellte dabei wiederholt fest, dass zweisprachige Kinder, verglichen mit einsprachigen, auf keinen Fall häufiger Störungen oder Verzögerungen in ihrer Sprachentwicklung aufweisen. Es wurde sogar bewiesen, dass sich bestimmte sprachliche Fähigkeiten bei den zweisprachigen Kindern ein paar Jahre früher als bei den einsprachigen entwickeln.

Zu dieser veränderten Einstellung führte auch die allgemeine politische und wirtschaftliche Weltlage. Die Internationalisierungsprozesse, die Öffnung der Grenzen in den meisten Ländern, die rapide Entwicklung der Wissenschaften fordert und fördert gleichzeitig eine Mehrsprachigkeit. Nachdem das Beherrschen mehrerer Sprachen inzwischen privat wie beruflich zunehmend erforderlich wird, zielt auch die Schulpolitik in fast jedem europäischen Land auf eine Erziehung zur Mehrsprachigkeit. Der Erwerb einer Zweitsprache wird sogar bereits im Kindergartenalter angestrebt.

Allein der Vorsatz, sein Kind mehrsprachig zu erziehen, garantiert allerdings keine erfolgreiche Erziehung. Häufig treten in der täglichen Praxis Situationen auf, in denen man sich unsicher fühlt und manchmal sogar verzweifelt ist. Theoretisches Wissen und Ratschläge helfen in solchen Fällen, das Problem in seiner ganzen Komplexität besser zu verstehen und nach passenden Lösungen zu suchen.

Obwohl die Thematik der Zweisprachigkeit in der Erziehung einen Schwerpunkt meines Studiums bildete und ich vom Vorteil einer solchen Erziehung bereits vor der Geburt meiner Tochter fest überzeugt war, stand ich in den ersten Jahren nach ihrer Geburt nicht selten vor Problemen. Oft wusste ich nicht, wie ich sie am besten bewältigen sollte, ich war unsicher, ob das, was ich tat, das Richtige für mein Kind war. In dieser Zeit wäre ich oft für konkrete Tipps dankbar gewesen, ich hätte gerne Erfahrungen mit anderen Müttern ausgetauscht.

Ähnliches erlebe ich auch bei meiner Tätigkeit als Sprachtherapeutin und Lehrerin zweisprachiger Kinder. Immer wieder stelle ich fest, dass bei der Überwindung von Schwierigkeiten, die bei einer mehrsprachigen Kindererziehung auftauchen, zwei Dinge erforderlich sind: *theoretische Fachkenntnisse* zu konkreten Fragen aus der Fachliteratur und *praktische Hinweise* zur Lösung der Schwierigkeiten im Alltag.

Dieses Fachwissen mit meinen eigenen Erfahrungen zu kombinieren und weiterzugeben ist die Leitlinie dieses Buches. Ausgehend von konkreten Fragestellungen, soll der Leser oder die Leserin die Möglichkeit haben, Grundwissen zu den wichtigsten Themenbereichen der zweisprachigen Erziehung zu erwerben. Darüber hinaus werde ich auch auf Fragen eingehen, die im täglichen Umgang mit dem zweisprachigen Kind immer wieder auftauchen.

Das vorliegende Buch wendet sich hauptsächlich an Eltern oder Erziehungsberechtigte, die ihr Kind zwei- oder mehrsprachig erziehen wollen, weil sie selber zwei unterschiedliche Sprachen sprechen oder weil sie zu Hause eine andere Sprache sprechen, als man in ihrer Umgebung spricht. Das Buch soll sie während dieser interessanten, aufregenden und spannenden Zeit begleiten. Es soll ihnen bei der Überwindung von Schwierigkeiten oder bei Unsicherheiten, die sie immer wieder erleben, helfen und unterstützen.

Aber auch für Pädagogen und Pädagoginnen, für Psychologen und Psychologinnen, die bei der Erziehung und Förderung von zwei- oder mehrsprachigen Kleinkindern und in der Beratung ihrer Eltern tätig sind, kann dieses Buch von Interesse sein.

Im ersten Kapitel werden grundlegende Fragen und Begriffe zum Phänomen der Zweisprachigkeit auch anhand von konkreten Beispielen besprochen und erläutert.

Die Frage, wie ein Kind zwei Sprachen bereits von Geburt an parallel erwerben kann, wird uns im zweiten Kapitel beschäftigen. Es soll dabei auf die Rahmenbedingungen und die Phasen der Sprachentwicklung im Allgemeinen eingegangen werden, wobei die Besonderheiten des simultanen Spracherwerbs hervorgehoben werden sollen.

Welche Verzögerungen bzw. Störungen können bei

einer zweisprachigen Entwicklung auftreten? Kann eine Sprachstörung durch Zwei- oder Mehrsprachigkeit hervorgerufen werden? Was sollte man tun, wenn das eine oder das andere besondere Sprachverhalten auftritt? Diesen Fragen widme ich mich im dritten Kapitel.

Der Einfluss der Zweisprachigkeit auf die kindliche Entwicklung bildet schließlich den thematischen Rahmen des vierten Kapitels. Anhand von Forschungsbefunden, theoretischen Ansätzen und persönlichen Erfahrungen werden z. B. die Fragen diskutiert: Überfordert eine zweisprachige Erziehung das Kleinkind? Wovon hängt der Entwicklungsverlauf eines zweisprachigen Kindes ab?

Im letzten Kapitel gehe ich dann auf Fragen ein, die im täglichen Umgang mit dem zweisprachigen Kind auftauchen können. Anhand von fünf ‚Prinzipien' werden vielfältige Anregungen, Warnungen, Hinweise, Tipps und Ratschläge für Eltern zusammengestellt. Dadurch können Sie Ihr Kind nicht nur beim Erwerb der Sprachen aus seiner Umgebung, sondern genauso in seiner Gesamtentwicklung und in der Entfaltung seiner Persönlichkeit unterstützen.

Um eine Idee zu verwirklichen, reicht es sicherlich nicht aus, davon überzeugt zu sein. Man braucht dazu auch einen festen Willen, Engagement, Ausdauer und Kreativität. Das Ziel kann aber nur dann erreicht werden, wenn man dabei von Menschen aus seiner Umgebung unterstützt wird.

Für die vielseitigen Anregungen, die fachlichen Gespräche, die Hinweise und Tipps, die ich sowohl in der Zeit vor, aber auch während des Schreibens reichlich erhalten habe, möchte ich allen meinen Kolleginnen und Kollegen vom Lehrstuhl für Sprachbehindertenpädagogik der Universität München, von der Akademie für Lehrerfortbildung und Personalführung Dillingen und vom Bayerischen Staatsinstitut für Frühpädagogik ganz herzlich danken. Den mehrsprachigen Kindern und ihren Eltern, die ich in den vergangenen 20 Jahren in der Schule oder auch in der sprachtherapeutischen Praxis kennen gelernt habe, danke ich für die gemeinsamen Erlebnisse in der Welt der Mehrsprachigkeit.

Meiner Tochter danke ich für die wunderschöne, wenn auch manchmal anstrengende, für die aufregende und gleichzeitig wertvolle Erfahrung, Mutter eines zweisprachigen Kindes zu sein.

Vassilia Triarchi-Herrmann
München, im April 2003

1 Grundlagen zur Thematik der Zweisprachigkeit

Zweisprachigkeit, ein altes Phänomen?

Bevor wir auf die Frage eingehen, was Zweisprachigkeit genau bedeutet, möchte ich gemeinsam mit Ihnen zurückblicken und das Phänomen der Zweisprachigkeit bzw. der Mehrsprachigkeit in seinem Ursprung betrachten. Bei dieser historischen Reise lässt sich schnell feststellen, dass Zweisprachigkeit fast genauso alt ist wie die Entwicklung der Sprache überhaupt. Das Bedürfnis des Menschen, mit Andersprachigen in Kontakt zu kommen, mit ihnen Freundschaft zu schließen, Handel zu treiben und zu kommunizieren, war schon immer von großer Bedeutung.

Schon ungefähr 4000 Jahre vor Christus, bei den Akkadern und Sumerern, sind die ersten zweisprachigen Menschen anzutreffen. Nachdem die Sumerer von den Akkadern erobert wurden, wurden sogar die ersten zweisprachigen Lexika geschrieben. In dieser Zeit gab es in Babylonien und Assyrien die ersten königlichen Sprachschulen, in denen man innerhalb von 3 Jahren eine Zweitsprache lernen konnte. Im alten Testament sind diesbezüglich interessante Geschichten von zweisprachigen Personen bzw. Völkergruppen zu finden (so z. B. die Geschichte des Turmbauens von Babel). Diese Geschichten stellen die sprachlichen Missverständnisse zwischen den Menschen in einer mehrsprachigen Gesellschaft sehr plastisch dar.

In der Antike konnten die alten Griechen außer den

verschiedenen griechischen Dialekten andere Sprachen, z. B. Phönizisch, Ägyptisch oder Persisch sprechen. Und nachdem Alexander der Große das griechische Imperium gründete, wurde das Griechische für viele Völker Asiens zu einer Art Zweitsprache.

Dasselbe galt im Römischen Imperium für Latein. In den meisten von Römern besetzten Ländern konnte ein Teil der Bevölkerung Latein sprechen. Es wird aber auch berichtet, dass römische Kinder Griechisch als Zweitsprache lernen mussten. Zweisprachige Schulen gab es sogar für die Kinder der Mittelklasse. Die griechische Sprache war also für die damalige literarische und politische Welt nach wie vor sehr wichtig. In einigen Ländern, wie z. B. in Ägypten oder in Israel, waren sogar drei Sprachen (die jeweilige Landessprache, Latein und Griechisch) üblich.

In den darauf folgenden historischen Epochen finden sich ebenso unzählige, interessante Beispiele, die das Erscheinungsbild einer Zwei- oder Mehrsprachigkeit bei einzelnen Menschen oder Völkergruppen bestätigen bzw. beschreiben. Wir wollen unsere Reise in die Vergangenheit jetzt nicht weiterführen, aber eines bleibt festzuhalten: Zwei- oder mehr Sprachen zu beherrschen war für die Menschen schon immer eine Notwendigkeit bzw. eine Selbstverständlichkeit und brachte Vorteile und Ansehen mit sich.

Was ist Zweisprachigkeit?

Haben Sie sich schon einmal gefragt, was für Sie Zweisprachigkeit bedeutet oder wann Sie eine Person als zweisprachig bezeichnen würden? Ein Blick in die Fachliteratur zeigt, dass die Wissenschaftler sich diesbezüglich nicht einig sind. Es gibt eine Vielzahl von

Definitionen, die sich mitunter widersprechen. Jede Definition betont andere Aspekte und Merkmale der Zweisprachigkeit, wie beispielsweise den Grad der Sprachbeherrschung oder die Funktion der Zweitsprache.

Eines ist klar: Zweisprachigkeit ist eine natürliche Erscheinung, die automatisch zustande kommt, wenn sich zwei Personen, die verschiedene Sprachen sprechen, untereinander verständigen wollen. Voraussetzung ist dabei, dass einer der beiden Sprecher über Kenntnisse der Sprache des anderen Sprechers verfügt. Welche Gründe veranlassen aber die Menschen, eine fremde Sprache zu erlernen?

- Sie können *politisch* sein, wenn eine sprachliche Minderheit, die in Grenzgebieten lebt, an eine anderssprachige Mehrheit angeschlossen wird. Als charakteristisches Beispiel können wir hier die deutschsprachigen Südtiroler in Italien anführen.
- Zu eine Zweisprachigkeit können auch *sozio-ökonomische* Gründe führen. So, wenn eine sprachliche Minderheit, wie z. B. Türken oder Griechen, aufgrund ihrer Arbeitsstelle in einem für sie fremdsprachigen Land wie Deutschland lebt.
- Sehr oft finden sich auch *persönliche* Gründe bei einer Zweisprachigkeit: Eine Person will in einem anderen Land studieren oder möchte aus unterschiedlichen Gründen dort leben.

Wie definiert man aber Zweisprachigkeit? Man kann z. B. einfach sagen: Zweisprachigkeit ist die wahlweise Verwendung von zwei oder mehr Sprachen durch eine Person (Macky in: Triarchi 1983). Man könnte aber auch bei der Definition eine Reihe von Merkmalen der Sprachbeherrschung berücksichtigen und dabei relativ hohe Ansprüche an den Grad der Sprachbeherrschung stellen: „Unter Zweisprachigkeit ist die Zugehörigkeit eines Menschen zu zwei Sprachgemeinschaften zu verstehen, in dem Grade, dass Zweifel darüber bestehen können, zu welcher der beiden Sprachen das Verhältnis enger ist oder welche als Muttersprache zu bezeichnen ist oder mit größerer Leichtigkeit gehandhabt wird oder in welcher man denkt" (Blocher in: Fthenakis 1985).

Wer ist also zweisprachig? Es gibt Wissenschaftler, für die ist jede Person zweisprachig, die mindestens einige Wörter in einer anderen Sprache kennt (laut Macnamara in: Triarchi 1983). Nach dieser Definition wären eigentlich fast alle Menschen auf der Welt zwei- oder sogar mehrsprachig. Andere wieder erwarten von einer zweisprachigen Person, dass sie über eine muttersprachliche Kompetenz verfügt, dass also jemand zwei Sprachen so gut beherrscht, als ob sie seine Muttersprachen wären (laut Bloomfield in: Triarchi 1983). Nach diesem Kriterium wäre die Zahl der zweisprachigen Personen auf der Welt relativ gering.

Für mich ist eine Person zweisprachig, wenn sie über die Fähigkeit verfügt, sich ohne größere Schwierigkeiten in zwei Sprachen mündlich oder auch schriftlich ausdrücken zu können. Diese Fähigkeit muss sie aufgrund ihrer eigenen psychischen, emotionalen und soziokulturellen Voraussetzungen sowie durch den ständigen und intensiven Kontakt mit einer zweisprachigen Umgebung entwickelt haben. Zwei- oder Mehrsprachigkeit findet eigentlich in jeder Situation statt, in der sich ein Individuum abwechselnd in zwei oder mehr Sprachen mündlich oder auch schriftlich sinnvoll und ohne große Schwierigkeiten äußern kann (siehe Triarchi 1983). Die folgenden Beispiele sollen verdeutlichen, wann man von eine Zweisprachigkeit sprechen kann und wann nicht:

- *Elena ist mit 19 Jahren aus Brasilien nach München gekommen. Sie wollte an der Universität Psychologie studieren. Am Anfang besuchte sie für 10 Monate einen Deutsch-Intensivkurs, den sie mit Erfolg abschloss. Nach ihrem Studium heiratete sie einen Kommilitonen und lebt und arbeitet seitdem in München. Als Zweisprachige erlebt und bewältigt sie mit Erfolg jeden Tag in der Familie und an der Arbeit zweisprachige Situationen.*

- *Selma kam mit 19 Jahren aus der Türkei nach München und heiratete Sefer, der seit vielen Jahren in München lebt und arbeitet. Inzwischen sind 15 Jahre vergangen und sie haben drei Kinder, die in eine deutsche Schule gehen. Selma hat Schwierigkeiten, sich mit den deutschen Lehrern ihrer Kinder zu unterhalten. Sie versteht zwar das meiste von dem, was die Lehrer zu ihr sagen. Sie selbst kann aber nur gebrochen Deutsch. Obwohl Selma seit 15 Jahren in München lebt, ist sie nicht zweisprachig, weil sie nicht täglich zweisprachige Situationen erlebt. Sie spricht mit ihrem Mann, den Kindern und ihren türkischen Verwandten und Freunden fast ausschließlich Türkisch.*

Zweisprachigkeit, eine besondere Sprachfähigkeit?

An diesem Punkt möchte ich die *beiden grundlegenden Eigenschaften* der zweisprachigen Fähigkeit verdeutlichen. Wenn Sie es als Eltern, als Pädagogen oder Pädagoginnen mit zweisprachigen Kindern zu tun haben, dürfen Sie Folgendes nicht vergessen:

- Bei der Fähigkeit, zwei Sprachen zu sprechen, handelt es sich um ein Kontinuum: Diese Fähigkeit entwickelt sich zwar ständig weiter, die Entwicklungsprozesse können aber nie vollständig abgeschlossen werden. Die meisten zweisprachigen Personen erreichen nicht in beiden Sprachen ein Niveau, das demjenigen eines Einsprachigen entspricht. Manche erreichen dieses Niveau in der einen Sprache, die dann als *dominante Sprache* bezeichnet wird, und ein niedrigeres Niveau in der anderen, die als *schwache Sprache* bezeichnet wird. Welche von den beiden Sprachen die dominante sein wird, hängt von einer Reihe von Faktoren ab.
- Die Sprachfähigkeit einer zweisprachigen Person ist nie das Ergebnis der Addition der Fertigkeiten zweier Einsprachiger. Deshalb sollte man die Sprachfähigkeiten eines Zweisprachigen nicht mit denen eines Einsprachigen vergleichen. Die Sprachkompetenz einer zweisprachigen Person bildet eine *eigene Ganzheit*. Sie entsteht zwar aus den sprachlichen Elementen zweier konkreter Sprachen, aber in einer einzigartigen individuellen Verbindung.

Verschiedene Arten von Zweisprachigkeit

Jedes Kind lernt in seinen ersten Lebensjahren seine Muttersprache, seine Erstsprache, die nicht nur seine kognitive und emotionale Entwicklung beeinflusst, sondern auch eine zentrale Rolle bei seiner Sozialisierung spielt. Es gibt aber auch Fälle, bei denen das Kind nicht nur eine Sprache lernt, sondern zwei, drei oder vielleicht sogar mehr. Manchmal werden die zwei Sprachen von Geburt an gleichzeitig gelernt, manchmal zuerst die eine und später, nach drei Jahren oder sogar noch später, die andere. Auch die Art und Weise, wie jemand die zweisprachige Fähigkeit erwirbt, kann sehr unterschiedlich sein.

Es gibt also eine Reihe von Möglichkeiten, die zweisprachige Sprachkompetenz zu erwerben. Darüber hinaus kann auch der Einfluss der Zweisprachigkeit auf die kindliche Entwicklung ebenfalls verschieden sein. Damit Sie einen besseren Überblick über alle diese Formen der Zweisprachigkeit erhalten, werde ich sie in Gruppen einordnen. Dabei sind folgende Kriterien behilflich:

- *die Erwerbskriterien der Zweitsprache:* Alter des Kindes und Art des Zweitspracherwerbs: Wann und wie hat das zweisprachige Kind seine Zweitsprache erworben?
- *die sozio-psychologischen Kriterien:* die Auswirkung der Zweisprachigkeit auf die sprachliche und emotionale Entwicklung sowie auf die Denkentwicklung des zweisprachigen Kindes

◆ *Simultane und sukzessive Zweisprachigkeit*

In der erstgenannten Gruppe unterscheiden wir aufgrund des Alters zwischen der simultanen (simultan = gleichzeitig) und der sukzessiven (sukzessiv = nacheinander) Zweisprachigkeit (siehe Abb. 1). Wann liegt eine *simultane Zweisprachigkeit* vor, die man auch als *echte Zweisprachigkeit* bezeichnet? Ganz einfach, wenn ein Kind von Geburt an zwei Sprachen gleichzeitig erwirbt – so wie Elpida:

Elpidas Mutter ist Deutsche und der Vater Grieche. Der Vater studierte in München Architektur und lern-

- te während des Studiums seine Frau kennen, die auch
- dasselbe Fach studierte. Elpida kam am Ende des Studiums beider Eltern auf die Welt. Die Familie lebt in Deutschland. Von Geburt an genoss Elpida eine bewusste zweisprachige Erziehung: Der Vater sprach nur Griechisch mit ihr und die Mutter nur Deutsch.

Die *sukzessive Zweisprachigkeit* liegt vor, wenn der Zweitspracherwerb in einem Alter erfolgt, in dem die Erstsprache schon einigermaßen etabliert ist, d. h. nach dem dritten Lebensjahr. Die Zweitsprache wird also nach der Erstsprache erworben – so wie bei Manuela:

- *Manuela geht in die dritte Klasse einer deutschen Grundschule in Hamburg. Beide Eltern sind Italiener. Der Vater arbeitet als Jurist im italienischen Generalkonsulat in Hamburg. Manuela lebte bis zu ihrem 4. Lebensjahr in Rom, dann kam die Familie nach Deutschland. Manuela besuchte sofort einen deutschen Kindergarten, wo sie sehr schnell Deutsch lernte.*

◆ *Natürliche und kulturelle Zweisprachigkeit*

Im Hinblick auf die Art und Weise, in der ein zweisprachiger Mensch seine Zweitsprache erwirbt, wird zwischen der *natürlichen* und der *kulturellen* Zweisprachigkeit unterschieden (siehe Abb. 1).

Bei der *natürlichen Zweisprachigkeit* wird die Zweitsprache durch den alltäglichen Umgang mit muttersprachlichen Personen in einer natürlichen Umgebung zusätzlich zur Muttersprache erworben. Das folgende Beispiel verdeutlicht das Gemeinte:

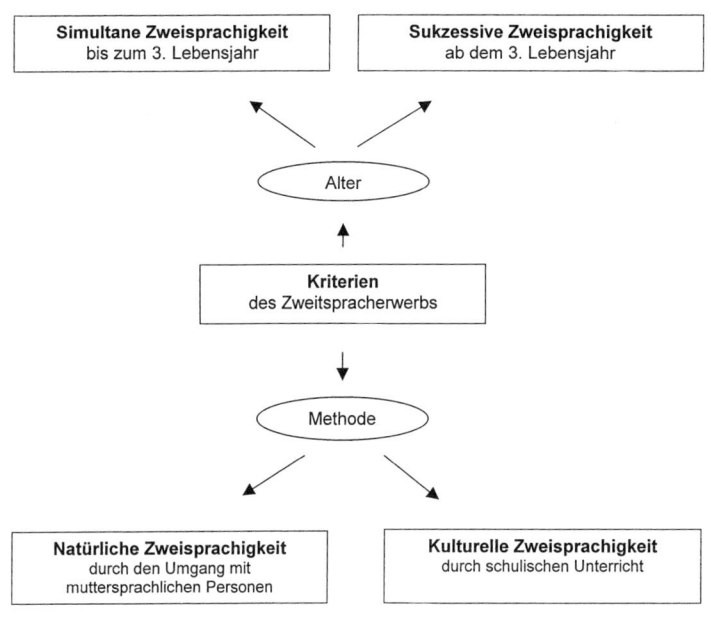

Abb. 1: Einteilung der Zweisprachigkeit nach Alter und Art des Zweitspracherwerbs

Frau Martin, 25 Jahre alt, ist Griechin. Sie zog vor 10 Jahren von Griechenland nach Stuttgart, um dort zu arbeiten. Inzwischen ist sie mit einem Deutschen verheiratet und arbeitet in Deutschland. Als sie nach Deutschland kam, konnte sie kein einziges deutsches Wort, inzwischen kann sie sich auf Deutsch gut unterhalten und versteht fast alles. Sie ist auf ihre Deutschkenntnisse sehr stolz, da sie alles – wie sie es immer wieder erzählt – ohne schulischen Unterricht gelernt hat.

Die *kulturelle Zweisprachigkeit* liegt vor, wenn der Zweitspracherweb durch systematischen, formalen Unterricht erfolgt. Die kulturelle Zweisprachigkeit wird auch als „künstliche", „schulische" oder „gesteuerte" Zweisprachigkeit bezeichnet. Antonio stellt ein klassisches Beispiel dar:

- *Antonio kommt aus Spanien und studiert seit einem Semester in Stuttgart Medizin. Er besuchte in Madrid die deutsche Schule und machte vor einem Jahr dort sein deutsches Abitur. Dementsprechend kann er sehr gut Deutsch. Er fühlt sich in der deutschen Sprache, wie er selber behauptet, „zu Hause".*

Häufig trifft man diese zwei Formen des Zweitspracherwerbs als eine Mischform an. Als Beispiel sind die Migrantenkinder zu nennen, die die Zweitsprache sowohl durch den schulischen Unterricht, als auch durch ihren Kontakt mit Kindern und Erwachsenen, die diese Sprache sprechen, erlernen.

◆ *Additive und subtraktive Zweisprachigkeit*

Die dritte Art von Zweisprachigkeit bezieht sich auf die kognitiven und emotionalen Fähigkeiten der zweisprachigen Kinder.

Bei der *additiven Zweisprachigkeit* liegt, durch den weiteren Spracherwerb, ein positiver Einfluss auf die Entwicklung des Kindes vor. In vielen Untersuchungen, die in verschiedenen Ländern durchgeführt wurden, ist festgestellt worden, dass zweisprachige Kinder, die eine additive Zweisprachigkeit aufweisen, sprachinteressierter, sprachgewandter sowie toleranter, offener und sogar intelligenter als gleichaltrige einsprachige Kinder sind.

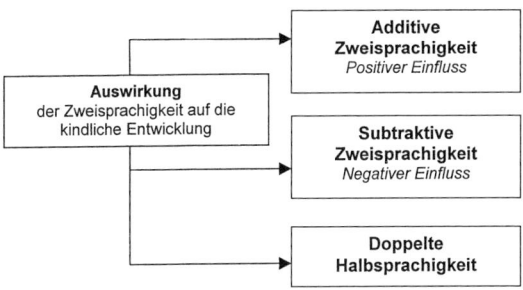

Abb. 2: Einteilung der Zweisprachigkeit nach der Auswirkung auf die kindliche Entwicklung

Diese Form der Zweisprachigkeit treffen wir meistens bei zweisprachigen Kindern, die einer Majorität angehören, wie die Englisch sprechenden Kinder in Kanada, die Französisch sprechen lernen, oder die deutschen Kinder, die eine französische Schule besuchen und somit zweisprachig erzogen werden. Auch die Zweisprachigkeit von Kindern der russischen Aristokratie des 19. Jahrhunderts, die im frühkindlichen Alter Französisch lernten, kann man zu dieser Kategorie zählen. Sicherlich haben viele zweisprachige Kinder, die von ihrer Geburt an zweisprachig erzogen werden, eine additive Zweisprachigkeit.

Die 16-jährige Sofie ist die Tochter eines portugiesischen Diplomaten. Sie ist in Portugal geboren. Als sie zwei Jahre alt war, zog die Familie nach Deutschland, wo sie über 5 Jahre lebte. Sofie besuchte für drei Jahre den deutschen Kindergarten. Danach kam sie in die französische Schule. Als Sofie 8 war, zog die Familie in die U.S.A. Die englische Sprache lernte sie sehr schnell und konnte so innerhalb von zwei Jahren oh-

> ne Probleme die Schule besuchen. Jetzt lebt die Familie wieder in Portugal. Sofie besucht dort die französische Schule und ist die beste Schülerin ihrer Klasse. In allen vier Sprachen kann sie sich mündlich und schriftlich sehr gut ausdrücken. Auch ihr soziales Verhalten ist „vorbildlich", wie es im Zwischenzeugnis steht.

Bei der *subtraktiven Zweisprachigkeit* liegen hingegen negative Auswirkungen auf die Gesamtentwicklung des Kindes vor. Meistens haben Kinder mit einer subtraktiven Zweisprachigkeit eine verzögerte Sprachentwicklung, emotionale Probleme, und sie zeigen schlechte Schulleistungen. Diese Art der Zweisprachigkeit ist häufig bei Migrantenkindern zu finden, wie bei den albanischen Migrantenkindern in Griechenland, den finnischen Kindern in Schweden oder den türkischen bzw. griechischen Minoritätenkindern in Deutschland.

> *Der 9-jährige Jannis besucht die vierte Klasse einer Grundschule in Augsburg und hat große Leistungsprobleme. Seine beiden Eltern sind Griechen. Er ist in Augsburg geboren und kam mit einem Jahr jeden Tag für 6 Stunden in die deutschsprachige Kinderkrippe. Mit drei Jahren ging er dann in den deutschen Kindergarten. Jannis spricht sowohl Deutsch als auch Griechisch, doch seine Ausdrucksfähigkeit im mündlichen und im schriftlichen Bereich sei sehr begrenzt – meint der Klassenlehrer. Auch in Mathematik hat Jannis Schwierigkeiten. Hinzu kommt noch sein aggressives Verhalten, welches er bereits im Kindergarten zeigte.*

◆ *Doppelte Halbsprachigkeit*

Eine extreme Form des subtraktiven Bilingualismus ist der Semilingualismus oder die doppelte Halbsprachigkeit, die auch als eine ernsthafte Sprachstörung anzusehen ist. Das Phänomen der doppelten Halbsprachigkeit wurde bereits zu Beginn des 20. Jahrhunderts erstmals bei Indianerkindern beobachtet.

Die doppelte Halbsprachigkeit kann zunächst die Oberflächenstruktur der Sprache betreffen. Dies heißt, dass Kinder mit einer doppelten Halbsprachigkeit

- über einen begrenzten Wortschatz verfügen
- eine nicht korrekte Aussprache aufweisen
- ein gemischtes Sprachsystem benutzen

Andererseits kann die doppelte Halbsprachigkeit die Tiefenstruktur der Sprache betreffen. Kinder mit einer doppelten Halbsprachigkeit

- haben Probleme bei der Einteilung von Begriffen in semantische Felder
- besitzen eine eingeschränkte Fähigkeit, abstrakte Begriffe zu verstehen und zu gebrauchen

Die negativen Auswirkungen der doppelten Halbsprachigkeit treten in den meisten Fällen auch bei der Denkentwicklung und der Sozialisierung des zweisprachigen Kindes auf.

Der Semilingualismus tritt vor allem während der schulischen Ausbildung auf. Sein negativer Einfluss schlägt sich im Lernverhalten, in den Schulleistungen und in der Persönlichkeitsentwicklung nieder. Was kann eigentlich eine so massive kindliche Störung verursachen? Kann allein die Auswirkung der Zweisprachigkeit dafür verantwortlich sein? Sicherlich nicht! Wir sprechen in diesem Fall von einem komplexen Ursachensystem aus Umwelt- und Individualfaktoren. Hierzu zählen unter anderem:

- die plötzliche Unterbrechung des ‚Sprachangebots' in der Erstsprache während der Sprachentwicklung
- die Ablehnung der Sprache und der Kultur von Minoritäten durch die Umgebung (Sprachprestige)
- die schlechten familiären Verhältnisse
- die angeborenen Fähigkeiten des Kindes

Sefer ist 11 Jahre alt und besucht die dritte Klasse einer Schule zur individuellen Lernförderung. Beide Eltern sind Griechen, die einer türkischen Minderheit in Griechenland angehören. Zu Hause wird Türkisch und Griechisch gesprochen. Sefers Vater ist als Hilfsarbeiter bei einer Autofabrik beschäftigt. Die Mutter arbeitet als Putzfrau. Sefer war bis zu seinem 2. Lebensjahr zusammen mit seinen zwei Geschwistern bei seiner Großmutter in Nordgriechenland. Nach dem Tod der Großmutter musste er nach Deutschland. Zunächst war er in einer Kinderkrippe, dann kam er mit drei Jahren in einen deutschen Kindergarten. Mit fast sieben Jahren wurde Sefer schließlich in eine griechische Privatschule in München eingeschult. Gleich zu Beginn sind seine Sprachschwierigkeiten sowohl der griechischen als auch der deutschen Lehrerin aufgefallen. Sein Wortschatz war in beiden Sprachen sehr begrenzt, er konnte kaum einen Satz richtig bilden. Beim Lesen- und Schreibenlernen machte er für längere Zeit wenige Fortschritte. Nachdem Sefer die 2. Klasse wiederholt hatte, wurde er in die Schule zur individuellen Lernförderung geschickt.

Immer noch besteht Sefers Sprache aus einer Mi-

- *schung aus türkischen, griechischen und deutschen Wörtern. Bei der Verwendung des Artikels unterlaufen ihm in allen drei Sprachen zahlreiche Fehler. Er hat zudem Schwierigkeiten, komplexere Zusammenhänge zu verstehen, deshalb schaltet er im Unterricht häufig ab. In den letzten Monaten schwänzte er sogar wiederholt die Schule.*

Was versteht man unter Mutter- bzw. Vatersprache und was unter Erst- und Zweitsprache?

Im Rahmen einer zweisprachigen Erziehung tauchen Begriffe auf, deren Bedeutung nicht immer eindeutig ist. Dazu gehören die drei Begriffe: Muttersprache – Erstsprache – Zweitsprache; und die Wortpaare: Familiensprache – Umgebungssprache sowie starke Sprache – schwache Sprache.

- *Kurz nach der Geburt meiner Tochter fragte mich mein Schwiegervater: „Welches wird Marias Muttersprache sein?" Ich musste nicht lange überlegen, meine Antwort war spontan und eindeutig: „Meine Sprache, die griechische Sprache ist selbstverständlich die Muttersprache meiner Tochter!"*

Was hat eigentlich der Schwiegervater mit dem Begriff „Muttersprache" gemeint, und welche Bedeutung habe ich diesem Begriff durch meine Antwort gegeben?

Die erste Sprache, die ein Kind erwirbt, wird im Wortschatz fast jeder Sprache als *„Muttersprache"* bezeichnet (z. B. auf Englisch: „mother-tongue", auf Französisch: „langue maternelle", Portugiesisch „lingua materna" und auf Griechisch: „μητρική γλώσσα" etc.).

Unter dem Begriff „Muttersprache" versteht man al-

31

so die Sprache, die im engen Umgang von der Mutter oder von einer anderen Bezugsperson erworben wird. Wenn man später aus verschiedenen Gründen eine zweite oder dritte Sprache erwirbt, die im Beruf oder auch im täglichen Leben häufiger als die Muttersprache verwendet wird, bleibt trotzdem die zuerst erworbene Sprache die Muttersprache. Manchmal tritt der Fall auf, dass bei einer Person die „Muttersprache" eine andere ist als die Sprache ihrer Mutter. Deshalb wird der Begriff „Muttersprache" durch den Begriff „Erstsprache" ersetzt. Man kann also sagen, dass die „Erstsprache" die Sprache ist, die eine Person in den ersten Jahren ihres Lebens erwirbt und von der sie weitgehend geprägt wird.

Alles, was bis jetzt über den Begriff „Muttersprache" gesagt wurde, gilt natürlich bei jeder monolingualen Erziehung. Was ist aber bei einer zweisprachigen, bilingualen, Erziehung? Welche Bedeutung hat hier der Begriff „Muttersprache"? Lernt ein Kind zwei Sprachen von seiner Geburt an, so erwirbt es gleichzeitig zwei Erstsprachen. In diesem Fall kann man zwischen der Sprache des Vaters und der Sprache der Mutter unterscheiden. Deshalb ist es üblich, dass man bei einer zweisprachigen Erziehung zwischen der *„Vatersprache"* und der *„Muttersprache"* unterscheidet.

Was ist Familiensprache und was Umgebungssprache?

Wenn in der Familie des zweisprachigen Kindes eine Sprache gesprochen wird, außer Haus aber – wo das Kind viele Stunden verbringt – eine andere Sprache gesprochen wird, dann unterscheidet man zwischen der „Familiensprache" und der „Umgebungssprache".

> *Funs Eltern sind Japaner, die seit vielen Jahren an einem Forschungsinstitut in München arbeiten. Sie sprechen zu Hause Japanisch (Familiensprache). Fun war bereits mit 2 Jahren in einer deutschen Kinderkrippe und hörte so den ganzen Tag Deutsch (Umgebungssprache). Ab drei besuchte sie den deutschen Kindergarten. Ihre Eltern trennten bereits seit ihrer Geburt bewusst die Familiensprache von der Umgebungssprache. Fun ist jetzt sechs Jahre alt und wird im September die deutsche Schule besuchen. Beide Sprachen spricht sie bereits sehr gut.*

Auch bei mehrsprachigen Ehen spricht man von einer *Familiensprache*, also von der Kommunikationssprache in der Familie, und einer *Umgebungssprache*, der Sprache, die außerhalb der Familie des zweisprachigen Kindes gesprochen wird. Allerdings kann es sein, dass die Familien- und die Umgebungssprache identisch sind:

> *Luis' Mutter ist Französin, sein Vater ist Deutscher. Die Familie lebte für längere Zeit in Frankreich, zog aber vor drei Jahren nach Deutschland. Jeder Elternteil spricht mit Luis seine Erstsprache (die Mutter also Französisch, der Vater Deutsch). Miteinander sprechen die Eltern Französisch. Als sie noch in Frankreich lebten, waren Familien- und Umgebungssprache identisch. Jetzt sieht die Situation anders aus. Die Familiensprache ist zwar Französisch geblieben, die Umgebungssprache ist jetzt Deutsch.*

Von einer „Zweitsprache" sprechen wir meistens nur bei einer sukzessiven Zweisprachigkeit. Hier sind alle Fälle von zweisprachigen Menschen einzuordnen, die eine zweite Sprache nach ihrem dritten Lebensjahr erwerben – also nachdem der Erwerb ihrer Erstsprache bereits weit fortgeschritten bzw. abgeschlossen war. Wenn die Zweitsprache bereits im Kindesalter erworben wird, beeinflusst sie entscheidend die gesamte kindliche Entwicklung. Aus den Ergebnissen vieler Untersuchungen und Studien der Bilingualismusforschung wissen wir, dass der Erwerb einer Zweitsprache eine Bereicherung für das Kind sein und seine Entwicklung positiv beeinflussen kann. Sie kann aber auch zum ‚Stolperstein' für das zweisprachige Kind werden und sich im Zusammenhang mit anderen Bedingungen auf seine Denkentwicklung und auf seine sprachliche sowie emotionale Entwicklung negativ auswirken (siehe diesbezüglich Kapitel 4)

Was heißt starke bzw. schwache Sprache in der zweisprachigen Erziehung?

Als Christines Familie nach Frankreich zog, war Christine sechs Jahre alt. Sie wurde von Geburt an zweisprachig, Griechisch und Französisch erzogen, da ihre Mutter Französin und der Vater Grieche ist. Sie besuchte in Athen drei Jahre lang den Kindergarten. Mit sechs Jahren sprach sie bereits sehr gut Griechisch. Die Kindergärtnerinnen behaupteten, dass sie für ihr Alter über einen differenzierten Wortschatz und eine sehr gut entwickelte Ausdrucksfähigkeit verfüge. Ihr Französisch war, nach Meinung ihrer Mutter, mittelmäßig. Sie konnte sich zwar mit der französischen Großmutter unterhalten, aber sowohl ihr Wortschatz als auch ihre Satzstruktur waren nicht altersgemäß entwickelt. Ein mit der Familie befreundeter Linguist sagte damals, dass Christines starke Sprache ohne Zweifel Griechisch sei. Inzwischen, fünf Jahre später, hat sich die Situation verändert. Christine besucht das französische Gymnasium und ist eine sehr gute Schülerin – insbesondere in den sprachlichen Fächern. Sowohl ihre mündlichen als auch ihre schriftlichen Leistungen in Französisch sind ausgezeichnet. Sie erhält einmal pro Woche je 4 Stunden Unterricht in der griechischen Sprache. Doch ihr Cousin, den Christine jedes Jahr im Sommer besucht und zu dem sie regelmäßigen E-Mail Kontakt hat, bezeichnet ihr Griechisch als „miserabel". Ihr Vater, der sich bemüht, mit Christine jeden Tag Griechisch zu sprechen, sagte neulich ganz traurig, „Griechisch ist jetzt die schwache Sprache von Christine".

Die meisten zweisprachigen Personen beherrschen die beiden Sprachen nicht gleich gut. Am häufigsten trifft man Zweisprachige, die über die eine ihrer Sprachen fast so gut verfügen wie gleichaltrige Monolinguale. Die besser entwickelte Sprache, die *„starke"* oder auch *„dominante"*, ist meistens die Sprache der Umgebung, d. h. die Sprache, welche im unmittelbaren Umfeld gesprochen wird. Die Sprachfähigkeit in der anderen Sprache entwickelt sich meistens langsamer. Sie erreicht aber selten das Niveau der starken Sprache und damit stellt die *„schwache Sprache"* der Zweisprachigen dar.

Welche der beiden Sprachen einer zweisprachigen Person die starke oder die schwache Sprache wird, hängt von einer Reihe von Faktoren ab. Einer der wichtigsten Faktoren ist die Intensität der sprachlichen Reize, mit denen das zweisprachige Kind täglich konfrontiert wird. Aber auch die Zahl der angebotenen Gebrauchsmöglichkeiten dieser Sprache, welche die zweisprachige Person in ihrer Umgebung hat, ist von entscheidender Bedeutung. Das ist der Grund, warum die starke Sprache nicht immer die gleiche bleiben kann, wie wir im Beispiel von Christine gesehen haben.

Auch soziokulturelle Faktoren können die Ausbildung der einen Sprache als starke und die der anderen als der schwache Sprache beeinflussen. Die Gefühle und Einstellungen, welche das unmittelbare Umfeld der Kinder für die von ihnen gesprochene Sprache aufbringt, können sich positiv oder negativ auf ihren Spracherwerb auswirken. Wenn z. B. der Vater die Sprache der Mutter nicht schätzt und zu deren Familie keinen Kontakt pflegen will, ist es nicht verwunderlich, dass sich das zweisprachige Kind davon beeinflussen lässt und kein Interesse mehr daran zeigt, diese Sprache zu lernen. Außerdem wird dem Kind die Gelegenheit genommen, diese Sprache häufig zu hören oder zu sprechen. Das Prestige der Muttersprache ist gering.

Wenn das Kind eine der beiden Sprachen besser beherrscht als die andere, wird es die dominante Sprache häufiger benutzen und dadurch natürlich in dieser Sprache größere Fortschritte machen. Die schwache Sprache droht zu verkümmern, und es kann ein Teufelskreis entstehen, der nur schwer durchbrochen werden kann.

Manchmal entwickelt die zweisprachige Person für bestimmte Erlebnisbereiche oder Themen nur in der einen ihrer beiden Sprachen einen erweiterten und differenzierten Wortschatz. Deshalb bevorzugt sie, sich nur in dieser Sprache darüber zu äußern. Wenn sie aber über dieses Thema in der anderen Sprache sprechen muss, zeigt sie enorme Schwierigkeiten, die richtigen Wörter zu finden. Das Eintreten dieser Möglichkeit hängt meistens von den Erlebnissen und den damit verbundenen Gefühlen der zweisprachigen Person zu dieser Sprache ab.

Evas Mutter ist Italienerin, der Vater Deutscher. Die Familie lebt in Augsburg. Eva wurde von Geburt an zweisprachig erzogen. Sie besucht zurzeit die 10. Klasse der Realschule. Ihre starke Sprache ist eindeutig Deutsch, Italienisch kann sie nicht schreiben. Außerdem hat sie Schwierigkeiten, auf Italienisch komplizierte Zusammenhänge auszudrücken. Handelt es sich jedoch um Gefühlsäußerungen wie Zärtlichkeit, Ärger oder Wut spricht sie automatisch Italienisch. Sie stellte einmal beim Babysitten fest, dass sie nicht in der Lage war, gegenüber dem zweijährigen Kind auf Deutsch ihre Gefühle richtig zu äußern.

Welche besonderen Sprachmerkmale tauchen bei Zweisprachigen auf?

Wenn man zweisprachigen Personen aufmerksam zuhört, stellt man fest, dass ihre Sprache charakteristische Besonderheiten aufweist, die bei einsprachigen Personen selten auftreten. In diesem Abschnitt werden wir auf diese Besonderheiten kurz eingehen.

Es ist wichtig, bei einer zweisprachigen Erziehung zu wissen, welche Merkmale in der Sprachentwicklung der Kinder ‚normal' bzw. akzeptabel und welche Besorgnis erregend sind. Am häufigsten treten in der Sprache von zweisprachigen Menschen Interferenzen, Sprachmischungen sowie das sogenannte Codeswitching auf.

◆ *Interferenzen*

Ein Russisch-Deutsch sprechendes Mädchen antwortet auf die Frage der Lehrerin, woher sie gerade kommt: „Ich war bei kapieren". Sie wollte sagen: „Ich war beim Kopieren". Der Laut /o/ im deutschen Wort „Kopieren" wurde hier durch den Einfluss der russischen Sprache zu /a/.

Wenn eine zweisprachige Person in der einen Sprache spricht, sind sehr häufig Sprachelemente aus ihrer anderen Sprache zu hören. Dabei handelt es sich um Überlagerungen von Elementen, Regeln und Strukturen beider Sprachen, die in der Fachliteratur als *Interferenzen* bekannt sind. Hierbei geht man davon aus, dass das schwächere Sprachsystem von dem stärkeren beeinflusst wird. Durch die Überlagerungen von Elementen beider Sprachen werden sprachliche Strukturierungen vorgenommen, die zu Fehlern führen. Manche dieser Fehler sind bei zweisprachigen Kindern nur für eine kurze Zeit zu hören, dann verschwinden sie von selbst. Besonders im phonologischen Bereich treten während der zweisprachigen Sprachentwicklung Interferenzen auf – so wie bei Helena:

Helenas Vater ist Grieche und ihre Mutter Deutsche. Helena wurde von Geburt an zweisprachig erzogen. Ihr Vater erinnert sich, dass seine Tochter bis zu ihrem 7. Lebensjahr viele griechische Wörter, die /th/ beinhalten, nicht richtig aussprechen konnte. Sie sagte z.B. statt thelo *(= ich möchte) /selo/ oder statt* thalassa *(= Meer) /salassa/.*

Diese Interferenzen sind sprachentwicklungsbedingt und können nicht als Aussprachestörung gelten, sie verschwinden nach einer gewissen Zeit. Andere wiederum verlieren sich nur schwer. Man weiß nicht genau, woran es liegt, dass manche Interferenzen nur eine Zeit lang erscheinen und manche fast für immer bleiben.

Sehr häufig werden die Interferenzen von den zweisprachigen Personen nicht bewusst wahrgenommen, deshalb wundern sie sich, wenn der Gesprächspartner wiederholt, was und wie sie es gesagt haben. Interferenzen können auf allen drei Sprachebenen sowohl beim Sprechen als auch beim Schreiben vorkommen. Man unterscheidet zwischen:

– den lautlichen oder phonologischen Interferenzen
– den lexikalischen Interferenzen
– den grammatikalischen Interferenzen

Bei den *lautlichen Interferenzen* sind Sprachrhythmus, Intonation und Phonologie der Sprache betroffen. Aus diesem Grund weisen manche zweisprachige Personen in der einen der beiden Sprachen einen bestimmten Akzent auf. Diese Interferenzen entstehen dadurch, dass die zweisprachige Person ein Phonem des Lautinventars ihrer schwachen Sprache mit einem Phonem aus dem Lautinventar der starken Sprache identifiziert und sich dieses Phonem bei der Reproduktion den phonetischen Regeln der Erstsprache unterwirft. Die lautlichen Interferenzen entstehen vorwiegend bei ähnlichen Lauten, wobei der jeweilige Laut der schwachen Sprache nach dem Vorbild der starken Sprache ausgesprochen wird, wie an Helenas Fall gezeigt. Dies liegt meistens daran, dass die zweisprachige Person Schwierigkeiten hat, die Laute, insbesondere die ähnlichen Laute, der jeweiligen Sprachen untereinander akustisch differenzieren zu können. Manchmal können diese Interferenzen zu Missverständnissen führen, wenn durch diese Aussprache ein anderes Wort entsteht als das gemeinte.

- *Ein Griechisch-Deutsch sprechender Junge erkennt den Unterschied zwischen dem deutschen Laut /sch/ und dem griechischen Laut /s/ nicht und spricht so das Wort „Tasche" als „Tasse" aus.*

Im dritten Abschnitt werden wir sehen, dass Interferenzen keine Symptome für aufkommendes Stammeln sind. Im Bereich der Prosodie (Sprachrhythmus) entstehen häufig Interferenzen dadurch, dass die bilinguale Person die Silben eines Wortes nach den Betonungsregeln der zweiten Sprache ausspricht. Dies kann manchmal dazu führen, dass dieses Wort für den Gesprächspartner völlig unverständlich klingt.

- *Ein Französich-Deutsch sprechendes Mädchen erzählt, dass seine Mutter aus München (mit Betonung auf e) und nicht aus München (mit Betonung auf ü) kommt. Der Vater heißt für sie Maximilian (Betonung auf a) und nicht Maximilian.*

Die *lexikalischen Interferenzen* entstehen meistens bei semantischen Ähnlichkeiten zwischen den Wörtern beider Sprachen, wobei die Bedeutung eines Wortes der einen Sprache auf ein Wort der anderen Sprache übertragen wird. Man spricht von einem direkten Transfer von Wörtern (Weinreich in: Triarchi 1983). So erzählt ein vierjähriger Englisch und Deutsch sprechender Junge: „Frank is two aber I'm four". (Saunders 1982, 197)

Die lexikalischen Interferenzen können eine phonetische Ähnlichkeit zwischen den beiden Wörtern hervorrufen, wobei diese Klangähnlichkeit als Eselsbrücke fungiert. Dabei wird ein Wort der Primärsprache sowohl phonologisch als auch morphologisch an die zweite Sprache angeglichen und eingefügt. Zu lexikalischen Interferenzen zählen Erweiterungen von Wortbedeutungen, welche bereits in der gesprochenen Sprache existieren, sowie die Übertragung feststehender, idiomatischer Redewendungen aus der einen in die andere Sprache.

> *Chasan, ein fünfjähriges Türkisch und Deutsch sprechendes Kind antwortet auf die Frage „Wie alt bist du?" mit folgendem Satz: „Ich komme im Oktober zu 6 Jahren". Er überträgt den im Türkisch üblichen Ausdruck: „Ich werde im Oktober 6 Jahre alt" ins Deutsche.*
>
> *Thomas, ein fünfjähriger Englisch-Deutsch sprechender Junge sagt: He goes me on the nerves!*
>
> *Ein deutsch-englisches Mädchen sagt zu seiner englischen Oma „Winter is bevor the door" anstelle des gebräuchlichen englischen Ausdrucks „Winter is around the corner" (Tracy 1996).*

Grammatikalische Interferenzen entstehen dann, wenn weniger komplexe Strukturen der Erstsprache oder der starken Sprache auf die Zweitsprache (schwache Sprache) übertragen werden. Dabei können diese Strukturen innerhalb eines Satzes die Wortstellung, die von der starken auf die schwache Sprache übertragen wird, beeinflussen. Ebenso werden die Verbbildung, der Gebrauch von Artikeln, Präpositionen, Adjektiven, Adverbien und Bestimmungswörtern sowie der falsche Gebrauch von Tempus und Syntax davon beeinflusst.

> *Thomas, ein sechsjähriger Englisch und Deutsch sprechender Junge antwortet auf die Frage: „Where did you see him?" mit: „in T.V." statt „on T.V." (deutsch „im Fernsehen"). Auf Deutsch sagt er „in diesem Bild" statt „auf diesem Bild", weil es im Englischen „in this picture" heißt. (Saunders 1982, 189)*

Bei den Sprachen, die sich voneinander stark unterscheiden, kommt es manchmal auch zum Weglassen von wichtigen grammatischen Elementen. Bei dem Auftritt von grammatikalischen Interferenzen kann man keine Systematik feststellen. Meistens hängt dies aber mit drei Faktoren zusammen:

– dem Gesprächspartner
– der Situation
– der zweisprachigen Person

Grammatikalische Interferenzen sind von den lexikalischen oft nur schwer oder gar nicht zu trennen, da sie sich gegenseitig auslösen (Kielhöfer/Jonekeit 2002). Sie werden meistens als sinnvoll betrachtet, insbesonders wenn sich die zweisprachige Person in Sprachnot befindet und auf die Strukturen der anderen Sprache zurückgreift, damit sie sich besser, schneller und genauer ausdrücken kann.

Auf die Frage: *Was verursacht eigentlich das Erscheinen von Interferenzen beim Sprechen von zweisprachigen Personen?* findet man in der Literatur folgende Antworten:

– Interferenzen werden durch Ähnlichkeiten zwischen den beiden Sprachen hervorgerufen. Meistens basieren sie auf Bedeutungsähnlichkeiten, die durch phonetische oder morphologische Ähnlichkeiten noch verstärkt werden können.

- Sie treten meistens bei komplexen und schwierigen Sprachmustern auf und nicht bei einfacheren und geläufigeren Strukturen.
- Besonders lexikalische Interferenzen können in einer zweisprachigen Sprachentwicklung und in einer bestimmten Entwicklungsphase auftreten: Während das Kind versucht, die Bedeutung der Wörter in verschiedenen Zusammenhängen auszuprobieren, z. B. wenn ein Wort der einen Sprache eine Reihe von verschiedenen Bedeutungen hat, die sich nicht alle im äquivalenten Wort der anderen Sprache wiederfinden.
- Sie kommen vor, wenn die zweisprachige Person müde ist, sich im Stress befindet oder durch andere ähnliche emotionale Bedingungen belastet wird.
- Auch die jeweilige Gesprächssituation, die Art des Gesprächsthemas oder der Gesprächspartner – genauer die Einstellung gegenüber dem Gesprächspartner – können das Auftreten von Interferenzen beeinflussen. So kann zum Beispiel das Vorbild der Freunde oder auch der Eltern das Ausmaß an Interferenz mehr oder weniger mitbestimmen.

Zusammenfassend kann also festgehalten werden, dass für eine zweisprachige Person Interferenzen unvermeidliche Spracherscheinungen sind. Sie beeinflussen selten die Kommunikation, weil man sich meistens von ihnen nicht stören lässt. Bei Kindern weisen sie in der Regel auf eine nächste Sprachentwicklungsstufe hin. Sie können durch ständiges Feedback seitens der Gesprächspartner, insbesonders der Eltern, und durch ein reichhaltiges Sprachangebot vermieden oder zumindest stark reduziert werden.

◆ *Das Code-switching (Kodewechsel oder Umschalten)*

Ein fünfjähriges Englisch-Deutsch sprechendes Kind sagt bei einem Familiengespräch: „Mum, I bet you 're finished, und, Bert, wenn du fertig bist, and when you 're finished, Frankie, then I'll still have some juice left." (Saunders 1982, 49)

Es ist wirklich bemerkenswert, mit welcher Leichtigkeit, Geschwindigkeit und ‚Eleganz' eine zweisprachige Person bei einer Unterhaltung von einer Sprache in die andere wechseln kann. Meistens ist der zweisprachigen Person dieser Wechsel zwischen den beiden Sprachen nicht bewusst, und er geschieht ohne deutliche Unterbrechungen der Aussage. Dieses Umschalten zwischen den Sprachen kann sich beziehen auf:

– ein einzelnes Wort
– eine Phrase
– auf einen oder auch auf mehrere Sätze

Dabei entstehen keine Vermischungen der beiden Sprachen. Die Äußerungen sind nicht durch Pausen oder Stocken unterbrochen, und man kann die Sequenzen aus der jeweiligen Sprache klar voneinander unterscheiden. Meistens werden während des Code-switching auch Prosodie, Redegeschwindigkeit, Mimik und Gestik an die gerade benutzte Sprache angepasst. So spricht ein Deutsch und Griechisch sprechendes Mädchen viel schneller und temperamentvoller, wenn es aus dem Deutschen ins Griechische übergeht.

Man stellte fest, dass jüngere Kinder, bis zu acht Jahren, eher zum Code-mix (Sprachmischungen) neigen, was wiederum bedeutet, dass sie eher Substantive, Adjektive oder Verben von einer Sprache in die andere einführen. Ältere Kinder verwenden häufiger Code-change, sie wechseln für einen Satz aus der einen in die andere Sprache. Dieser Sprachwechsel vollzieht sich meist ohne bewusstes Überlegen. Viele Menschen sehen das Code-switching eher als Indiz für mangelnde Sprachbeherrschung. Im Gegensatz dazu wird es von den meisten Wissenschaftlern als eine hohe kommunikative Leistung gewertet. Sie betrachten diesen Kodewechsel als eine besondere Fähigkeit. Die zweisprachige Person ist in der Lage, zwischen zwei oder mehreren Sprachen in einer Kommunikationssituation je nach Bedarf zu wechseln (Grosjean 1982).

Was veranlasst eine bilinguale Person zu diesem Kodewechsel?

Warum schaltet ein Sprecher, der zwei Sprachen beherrscht, mitten in einem Satz von der einen in die andere Sprache um? Ein besonders wichtiger und häufiger Grund sind die Wortschatzlücken in einer der beiden Sprachen, die während der Unterhaltung auftreten können. Der richtige Ausdruck ist in diesem Moment nicht verfügbar. Häufig ist dies bei emotionalen Regungen zu beobachten, bei Müdigkeit, Nervosität, Ärger oder Ähnlichem. Es ist aber auch möglich, dass einige Begriffe in einer der beiden Sprache genauer ausgedrückt werden können als in der anderen und der Sprecher deshalb in die andere Sprache ausweicht, um seine Gedanken besser ausdrücken zu können.

Manchmal können die Gründe für das Erscheinen des Code-switching auch sozialer Natur sein. Beispiel dafür ist die Situation, in der die bilinguale Person durch das Umschalten Gruppensolidarität beweisen will, indem sie in die Sprache der Minderheiten umschaltet.

Zusammenfassend kann man sagen, dass Code-switching von den zweisprachigen Personen als eine Kommunikationsstrategie verwendet wird, um dem Gesprächspartner Informationen sprachlicher, aber auch sozialer Natur ohne Stockungen oder Pausen zu vermitteln (Grosjean 1982). Es handelt sich dabei um ein komplexes Zusammenspiel der beiden Sprachen, die grammatischen Strukturen der jeweiligen Sprache werden so aneinander geschlossen, dass sie zueinander passen. Für Eltern sind beim Code-switching ihrer Kinder drei Sachen wichtig, die man sich bei einer zweisprachigen Erziehung merken sollte. Code-switching

– ist eine natürliche Erscheinung
– stellt keinen Sprachfehler und keine Sprachstörung dar und ist deshalb kein Grund zur Aufregung oder Besorgnis.

◆ *Sprachmischungen (Code-Mixing)*

Hanna spricht Englisch und Deutsch, ist etwa 2,5 Jahre alt und sagt an einem Abend zu ihrer Mami „Ich cover michself up" (Tracy 1996).

Bei den Sprachmischungen werden innerhalb einer Äußerung meistens Wörter, selten Satzteile der einen Sprache in die momentan verwendete Sprache eingeflickt. Die ‚eingeflickten' Elemente tauchen nur punktuell auf, geben den Eindruck eines Fremdkörpers und stören häufig den Redefluss des Sprechens (Kielhöfer/Jonekeit 2002). Im Unterschied zum Code-switching, bei dem es sich um einen Wechsel zwischen den beiden Sprachen handelt, dieser Wechsel aber eher die

Ausnahme bildet, treten bei manchen zweisprachigen Personen die Sprachmischungen sehr oft auf. Besonders in der frühen Phase der Sprachentwicklung (vor allem zwischen dem zweiten und dritten Lebensjahr) mischen die zweisprachigen Kinder ihre beiden Sprachen häufig. Deshalb vermutet man, dass sie am Anfang der Sprachentwicklung ein einheitliches Sprachsystem verwenden.

- *Die 3-jährige Hildegard, die Englisch und Deutsch erzogen wird, sagt: „I can't give you any Kuss because I have a Schmutznase" (Volterra/Taeschner 1978).*
- *Die fast 3-jährige Hanna, die ebenfalls Englisch und Deutsch lernt, fragt: „Cleanst du dein teeth?" (Tracy 1996).*

Man muss darauf hinweisen, dass das Auftreten von Sprachmischungen von Kind zu Kind variiert und von dem Gesprächspartner, der -situation und dem -thema abhängt. In späteren Phasen der Sprachentwicklung (nach dem 3. Lebensjahr) nimmt normalerweise die Häufigkeit von Sprachmischungen ab. Die Ursachen, die zu diesem punktuellen Umschalten der beiden Sprachen innerhalb einer Äußerung führen, beziehen sich meistens auf lexikalische Lücken und eine gewisse Bequemlichkeit: Die zweisprachige Person versucht, eine momentane Wortnot in der einen Sprache zu überwinden, indem sie ein Wort aus der anderen Sprache verwendet.

Die Erscheinung von Sprachmischungen ist in den ersten Phasen der zweisprachigen Sprachentwicklung als ‚normal' zu betrachten. Später, vor allem wenn die Sprachentwicklung abgeschlossen ist, sollten sie nicht mehr häufig vorkommen. Die Eltern können bei der Trennung der beiden Sprachsysteme ihren Kindern eine große Hilfe sein, indem sie selbst Sprachmischungen vermeiden. Wenn die Eltern selbst die Sprachen mischen, ist bei einer simultanen zweisprachigen Sprachentwicklung mit einer verzögerten Differenzierung der Sprachsysteme zu rechnen. Ob Interferenzen oder Sprachmischungen Sprachstörungen sind, wird im Kapitel über Sprachstörungen bei zweisprachigen Kindern genauer behandelt (siehe Kap. 3).

2 Die Sprachentwicklung bei Zweisprachigkeit

Wie wird man zweisprachig?

Um zwei Sprachen zu erlernen, gibt es eine Reihe von Möglichkeiten. Man kann z. B. bereits von Geburt an zwei Sprachen gleichzeitig erwerben. Man kann aber auch erst mit drei oder vier Jahren oder noch später anfangen, eine Zweitsprache zu erlernen. Es gibt natürlich auch den Fall, dass sich eine Person nach der Pubertät, im Erwachsenenalter eine Zweitsprache aneignet. Dementsprechend gibt es 3 Kategorien des Zweitspracherwerbs:

- die *zweisprachige Sprachentwicklung*: Hier sind alle zweisprachigen Kinder zuzuordnen, die von Geburt an mit zwei Sprachen aufwachsen.
- *der frühere Zweitspracherwerb*: Bei zweisprachigen Kindern, die die Zweitsprache erst nach dem dritten Lebensjahr lernen, sprechen wir von einem Zweitspracherwerb.
- *der spätere Zweitspracherwerb*: Er tritt bei den zweisprachigen Personen auf, welche die Zweitsprache erst im Erwachsenalter erwerben.

◆ *Die zweisprachige Sprachentwicklung*

Die zweisprachige Sprachentwicklung oder den *„bilingualen Erstspracherwerb"* (nach Klein in: Triarchi 2000) findet man in der Regel bei Kindern mehrsprachiger Ehen, in der jeder Elternteil mit ihnen seine eigene Erstsprache spricht. In der Familie werden also zwei Sprachen gesprochen, wie bei Christine und Alexander:

- *Die fünfjährige Christine und der dreijährige Alexander gehen in einen deutschen Kindergarten in Hamburg. Ihr Vater stammt aus Madrid und ihre Mutter aus Berlin. Sie sprechen fließend Spanisch und Deutsch, weil, wie sie selber erzählen, „unser Papa zu uns immer Spanisch und unsere Mama Deutsch spricht".*

Eine zweisprachige Entwicklung kann aber auch bei Kindern auftreten, deren beide Eltern eine andere Sprache sprechen als die der Umgebung. Hier ist die Familiensprache eine andere als die der Umgebung. Wichtige Voraussetzung einer zweisprachigen Sprachentwicklung ist dabei, dass die Kinder mit der Umgebungssprache sehr viele Stunden in Kontakt treten.

- *Sofia ist drei Jahre alt und geht in diesem Jahr zum ersten Mal in einen (deutschen) Kindergarten. Sie kann bereits Italienisch und Deutsch. Beide Eltern sind Italiener und arbeiten in Deutschland. Sofia kam vor dem Kindergarten bereits in eine deutsche Kinderkrippe, wo sie jeden Tag von 7.00 bis 16.00 Uhr betreut wurde.*

Bei einer zweisprachigen Sprachentwicklung werden die Kinder konstant zwei Sprachen ausgesetzt. Dadurch kann die Sprachentwicklung gleichzeitig in beiden Sprachen ablaufen. Die Erwerbsprozesse finden somit in beiden Sprachen gleichzeitig statt, wie wir später sehen werden. Das heißt aber nicht, dass alle Phasen einer Sprachentwicklung tatsächlich parallel verlaufen. Einige der Prozesse finden parallel in beiden Sprachen statt, andere verlaufen eher nacheinander.

Welche Charakteristika weist die zweisprachige Sprachentwicklung auf?

Ihr wichtigstes Merkmal ist, dass die gesamte Entwicklung und Sozialisierung des Kindes von beiden Sprachen bestimmt wird. Mit anderen Worten, nicht nur für den Spracherwerb sind die beiden Sprachen wichtig, auch die Denkentwicklung, die mit der Sprachentwicklung eng miteinander verknüpft ist, wird von beiden Sprachen beeinflusst. Das zweisprachige Kind erfährt und lernt für jede Bedeutung zwei Begriffe. Dadurch wird einerseits sein Wortschatz bereichert, andererseits sein Denken gefördert. Manchmal sind nämlich die Bedeutungen, welche die Begriffe in beiden Sprachen haben, nicht absolut identisch.

So hat das englische Wort „brush" drei verschiedene Bedeutungen: „clothesbrush", „toothbrush" und „painbrush". Auf Deutsch wird das äquivalente Wort „Bürste" aber nur für „Kleiderbürste" und „Zahnbürste" verwendet. Für die Bedeutung des Wortes „painbrush" verwendet man im Deutschen das Wort „Pinsel".

Durch diese Nuancen von semantischen Unterschieden wird nicht nur die Sprachfähigkeit der Kinder gefördert, sie lernen auch, sich differenziert auszudrücken. Auch die Denkfähigkeit, feine Unterschiede wahrzunehmen und sie sich merken zu können, wird dadurch entfaltet. Darüber hinaus erleben die zweisprachigen Kinder ihre Gefühle in beiden Sprachen.

Ihre emotionale Welt wird mit Begriffen und deren Bedeutungen aus beiden Sprachen aufgebaut. Sprachen sind eng mit den Kulturen verbunden, die sie repräsentieren. Das Temperament, die Persönlichkeit und die Identität der bilingualen Kinder werden von beiden Kulturen geprägt. Ihre Sozialisierung wird von den Normen, Sitten und Einstellungen beider Nationen beeinflusst.

Katerina ist 15 Jahre alt und wurde von Geburt an zweisprachig erzogen. Ihre Mutter ist Deutsche und ihr Vater Grieche. Die Familie lebt in Deutschland, fährt aber ein bis zwei Mal im Jahr nach Griechenland. Katerina besucht die griechische Abteilung an der Europäischen Schule und hat griechische und deutsche Freunde. Die Familie nimmt regelmäßig an griechischen Festen teil und pflegt Kontakt zu deutschen und griechischen Familien. Katerina fühlt sich nicht nur in beiden Sprachen, sondern auch in beiden Kulturen zu Hause. Sie tanzt und singt mit Freude (wie eine Griechin) und fährt Schi (wie eine Deutsche). Sie fühlt sich sowohl in der griechisch-orthodoxen als auch in der katholischen Kirche wohl. Sie ist sehr temperamentvoll und zeigt häufig ihre Gefühle auf eine spontane Art.

Bei einer zweisprachigen Sprachentwicklung spricht man von zwei Erstsprachen, die sich auch in vielen Fällen in den ersten Jahren parallel entwickeln. Mit der Zeit aber dominiert häufig eine der beiden Sprachen, und zwar diejenige, die auch die Sprache der Umgebung ist. Die Sprache aus dem Umfeld des Kindes ist auch diejenige, die in der Sprachentwicklung als erste die verschiedenen Entwicklungsphasen durchläuft und später zu der starken Sprache des Kindes wird. Die andere Sprache, die meistens wenige Leute in der Umgebung des Kindes sprechen, folgt in den Phasen der Sprachentwicklung nach und wird häufig in späteren Jahren die schwache Sprache des zweisprachigen Kindes.

◆ *Der frühere Zweitspracherwerb*

In diesem Fall erlernen die Kinder erst nach ihrem dritten Lebensjahr, aber noch vor der Pubertät die Zweitsprache. Sie haben bereits einen Grundwortschatz und beherrschen die Grundstrukturen der Grammatik und der Morphologie in ihrer Erstsprache. Außerdem verfügen sie bereits über einen großen Teil der Laute bzw. der Lautverbindungen des Lautinventars sowie über die Intonation ihrer Erstsprache. Wenn der Zweitspracherwerb beginnt, befindet sich der Erstspracherwerb bereits in einem fortgeschrittenen Entwicklungsstadium. Es gibt Fälle, in denen – häufig nach dem siebten Lebensjahr – eine parallele Entwicklung der beiden Sprachsysteme zu beobachten ist. Und manchmal kann es sein, dass die Entwicklung der Zweitsprache zunimmt und die Erstsprache einen gewissen Rückstand erleidet. So auch bei Maria:

Maria ist 10 Jahre alt und besucht zurzeit eine deutsche Grundschule in München. Sie wurde in Athen geboren und kam erst mit 3 Jahren nach Deutschland, weil ihre Eltern beruflich nach Deutschland versetzt wurden. Maria besuchte drei Jahre lang einen deutschen Kindergarten. Sie lernte schnell Deutsch. In der 4. Klasse hat sie einen Notendurchschnitt von 2,0, der ihr den Besuch des Gymnasiums ermöglicht. Obwohl sie den griechischen muttersprachlichen Ergänzungs-

unterricht regelmäßig besucht, sind ihre Kenntnisse der griechischen Sprache im Vergleich zur deutschen nicht sehr gut. Sie verfügt über keinen differenzierten Wortschatz mit abstrakten Begriffen, und die Satzstruktur ihres mündlichen Sprachausdrucks weist Rückstände im Vergleich zu gleichaltrigen monolingualen griechischen Kindern auf – sagt ihre griechische Lehrerin.

◆ *Der spätere Zweitspracherwerb*

Wenn eine Person eine Zweitsprache nach der Pubertät bzw. im Erwachsenenalter erwirbt, laufen meistens die Erwerbsprozesse über die Erstsprache. Die Zweitsprache wird also über die Erstsprache erlernt. Diese Art von Zweisprachigkeit nennen die Linguisten „untergeordnete" Zweisprachigkeit im Gegensatz zu der „koordinierten" Zweisprachigkeit. Die letzte kommt bei der simultanen zweisprachigen Sprachentwicklung häufig vor, und bei ihr werden die Wörter und die zugeordneten Bedeutungen getrennt erworben und gespeichert.

Bei der „untergeordneten" Zweisprachigkeit sind die Bedeutungseinheiten in beiden Sprachen vollständig identisch, da sie aus der Erstsprache übernommen werden. Statt des muttersprachlichen Wortes wird lediglich das Wort der Zweitsprache benutzt (siehe Abb. 3). Dies kann natürlich teils auch im früheren Zweitspracherwerb stattfinden.

Auch das Erlernen grammatischer und morphologischer Strukturen der Zweitsprache findet über die entsprechenden Strukturen der Erstsprache statt. Deshalb tauchen sehr häufig Interferenzen während des Zweitspracherwerbs und auch später auf allen Sprach-

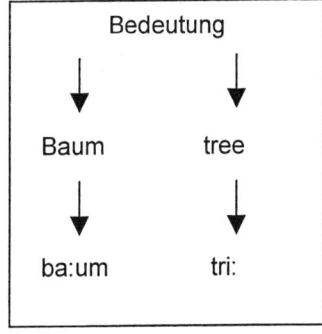 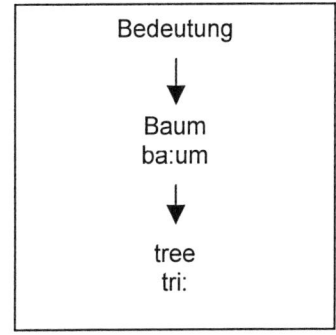

Abb. 3: Die Unterscheidung zwischen der koordinierten und untergeordneten Zweisprachigkeit

ebenen auf: in der Phonologie, der Semantik und der Grammatik.

Anja ist in Schweden geboren und aufgewachsen. Seit zwanzig Jahren lebt sie in Deutschland und hat vor fünf Jahren den Lehrstuhl für Klinische Psychologie an einer deutschen Universität übernommen. Deutsch hat sie erst im Erwachsenenalter in Deutschland gelernt. Sie kann sich mündlich und schriftlich in der deutschen Sprache sehr gut ausdrücken. Sicherlich hört man bei ihren Vorlesungen ihren schwedischen Akzent, man bewundert sie aber wegen ihres differenzierten deutschen Wortschatzes und der genauen Ausdrucksfähigkeit.

Lernen Kinder eine Zweitsprache schneller und besser als Erwachsene?

Diese Frage wurde sowohl von Laien als auch von Experten seit Jahrzehnten mit „Ja" beantwortet. Der Zweitspracherwerb im Erwachsenenalter wird, verglichen mit demjenigen im Kindesalter, bis heute noch von den meisten Leuten als schwieriger, mühsamer und langsamer empfunden. Eine Reihe von theoretischen Ansätzen, wie z. B. der kognitionspsychologische oder der affektive Ansatz, unterstützt die These der Überlegenheit der (jüngeren) Kinder gegenüber den Erwachsenen beim Zweitspracherwerb. Dieses basiert auf der Annahme der *„sensiblen oder kritischen Periode"*. Diese Annahme besagt, dass bei jedem Menschen in der Vorpubertät eine spezielle Sprachlernfähigkeit besteht, die im Erwachsenenalter nachlässt. Doch in den meisten empirischen und experimentellen Untersuchungen der Bilingualismusforschung der letzten vier Jahrzehnte wurde diese Überlegenheit der Kinder nicht bestätigt. Auch die Erwachsenen konnten schnell und effizient, sogar manchmal schneller und effizienter als die Kinder, eine Zweitsprache erlernen.

Es ist also erwiesen, dass das Alter per se beim Zweitspracherwerb nicht die wichtigste Rolle spielt. Nur beim Erwerb der Phonologie und der Intonation, d. h. bei der Aussprache und dem Sprachrhythmus, konnte sich die These *„je jünger desto besser"* in den meisten empirischen Untersuchungen bestätigen. Hinsichtlich korrekter Aussprache und Akzentfreiheit handelt es sich offensichtlich um den einzigen Sprachbereich, in dem Kinder häufig bessere Leistungen erbringen als Erwachsene (Fthenakis et al. 1985).

Lernen zweisprachige Kinder anders sprechen als einsprachige?

Nachdem man jahrzehntelang im Rahmen von Einzelfallstudien oder Längsschnittuntersuchungen in der Bilingualismusforschung dieser Frage immer wieder nachging, ist man jetzt überzeugt, dass der Spracherwerb in seinen Grundzügen und in seiner entwicklungsbedingten Reihenfolge bei einsprachigen wie bei zweisprachigen Kindern gleich abläuft. Die entwicklungsbedingte Reihenfolge wird bei jeder Sprache für sich eingehalten. So kommt es vor, dass einzelne Sprachelemente gleichzeitig und andere zeitlich versetzt erworben werden. Das bilinguale Kind hat während der ganzen Sprachentwicklung die zusätzliche Aufgabe, zwischen den beiden Sprachsystemen zu unterscheiden. Es gibt aber keinen Beweis dafür, dass für diese Aufgabe besondere Sprachverarbeitungsstrategien notwendig sind. Es wird angenommen, dass Mechanismen, die bei dieser Differenzierung zum Einsatz kommen, die gleichen sind, die monolinguale Kinder bei den Unterscheidungsvorgängen innerhalb ihrer einen Sprache einsetzen.

◆ *Wie lernt ein Kind sprechen?*

Jedes Kind lernt in seinen ersten Lebensjahren die Sprache bzw. die Sprachen seiner engsten Umgebung. Für Kinder scheint dies eine Selbstverständlichkeit, eine Art Spiel. Doch genaue Beobachtungen und empirische Untersuchungen zeigen, dass dieser Vorgang insgesamt nicht nur sehr viel Zeit erfordert, sondern für die Kinder auch sehr mühselig ist, weil er mit ständigem Üben und großen Anstrengungen verbunden ist. Seitens der Umgebung des Kindes ist dabei besondere Fürsorge, Unterstützung und Aufmerksamkeit erforderlich.

Seit Jahren wird in der Spracherwerbsforschung die Ansicht vertreten, dass jedes Kind mit besonderen, angeborenen Fähigkeiten ausgestattet ist, um eine Sprache zu erlernen. Diese Fähigkeiten helfen ihm, die Sprachanregungen seiner Umgebung zu verarbeiten und seine eigenen Sprachäußerungen zu produzieren. Diese weisen am Anfang noch nicht die phonologische und grammatische Struktur der Umgebung auf, doch mit der Zeit werden sie dem Sprachmuster der Umgebungssprache immer ähnlicher. Am Ende dieser Entwicklung verfügt das Kind über die Sprachfähigkeit, die ihm erlaubt, mit seiner Umgebung sprachlich zu kommunizieren, ohne sich dabei von den anderen Mitgliedern auffällig negativ zu unterscheiden.

Der Weg bis dahin besteht aus konkreten aufeinander folgenden Schritten, die im Prinzip für alle Kinder mehr oder weniger gleich sind. Was von Kind zu Kind verschieden sein kann, ist die Zeit, die jedes Kind für jeden Entwicklungsschritt braucht. Aber auch die Geschwindigkeit, mit der ein Kind die unterschiedlichen Schritte der Sprachentwicklung macht, kann nicht immer die gleiche sein. Manche Schritte werden mit einer erhöhten Geschwindigkeit, andere langsamer gemacht. Wie die Sprachentwicklung bei jedem Kind abläuft, hängt von einer Reihe von Faktoren ab, die sich gegenseitig beeinflussen (siehe Abb. 4).

Das Umfeld des Kindes, z. B. die soziale Schicht, der das Kind angehört, stellt den Rahmen dar, in dem die Sprachentwicklung stattfindet. Damit das Kind überhaupt sprechen lernt, muss es die Möglichkeit haben, Sprache zu hören. Ob ein Kind reichliche und hilfreiche Sprachanregungen erhält, ob es während der

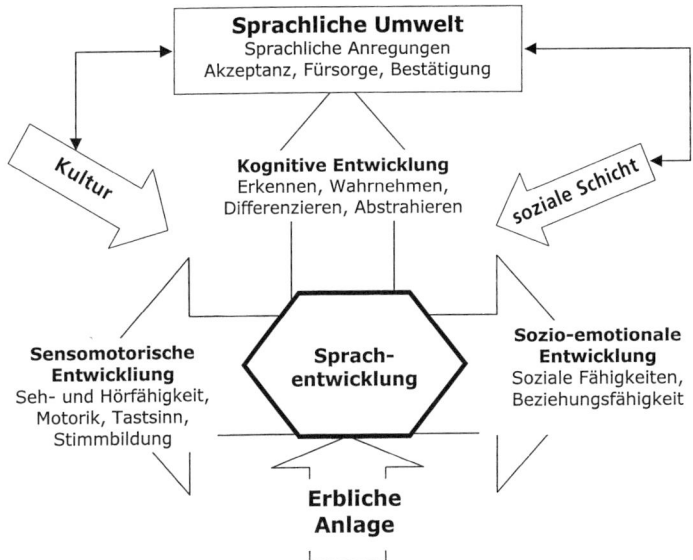

Abb. 4: Das Faktorennetz der Sprachentwicklung

Sprachentwicklung Fürsorge, Akzeptanz und Bestätigung erfährt, hängt von seinem Umfeld ab. Durch die Art, wie die engste Umgebung des Kindes, seine Eltern, seine Geschwister, Freunde und Verwandte oder seine Erzieher es sprachlich fördern und anregen, wird sein Spracherwerb wesentlich beeinflusst.

Falls ein Kind in den ersten Jahren seines Lebens keine Sprachanregungen und emotionale Unterstützung von seinem Umfeld erhält, wird es auch keine Sprache lernen können.

Bekannt in der Spracherwerbsforschung ist das Fallbeispiel „Genie". Bei dem Mädchen wurde mit 14 Monaten eine Retardierung festgestellt. Daraufhin sperr-

> ten ihre Eltern sie in einem sehr kleinen Raum ein. Sie erhielt keinerlei Sprachanregungen, keine Zuwendung und Zärtlichkeit. Ihre erblindete Mutter versorgte sie nur mit dem Notwendigsten. Der Vater bestrafte sie physisch, wenn sie irgendwelche Geräusche von sich gab. Er und der Bruder bellten sie wie Hunde an. Mit 13 Jahren wurde sie befreit und in eine Klinik gebracht. Sie konnte nicht sprechen, nicht lachen und nicht weinen. Ihre ganze Entwicklung war zurückgeblieben. Trotz der intensiven Förderung, der Zuwendung und der Liebe, die Genie in der Klinik und auch später von ihren Pflegeeltern erhielt, lernte sie nie richtig sprechen. Sie entwickelte zwar ein gutes Sprachverständnis und erwarb einen zufrieden stellenden Wortschatz, doch bei der Bildung von Sätzen machte sie grammatikalische, morphologische und syntaktische Fehler.

Der Erfolg der kindlichen Sprachentwicklung wird nicht allein durch den Einfluss der Umwelt bestimmt. Das Kind selbst spielt beim Spracherwerb natürlich die Hauptrolle. Damit ein Kind überhaupt anfangen kann, sich die Sprache seiner Umgebung anzueignen, muss es vorher von seiner Entwicklung her so weit sein: Es muss nämlich vor Beginn des Spracherwerbs bestimmte grundlegenden Fähigkeiten und Fertigkeiten erworben haben. Der Erwerb und die Entfaltung dieser Fähigkeiten bzw. Fertigkeiten bestimmen auch den Verlauf der Spracherwerbsprozesse (siehe Abb. 4). Welches sind aber diese Fähigkeiten?

– Alle Fähigkeiten, die ein Kind in seiner *sensomotorischen Entwicklung* erwirbt, zum Beispiel: die Seh- und Hörfähigkeit, die Bewegungsfähigkeit (Fein- und Grobmotorik), der Tastsinn, und die Stimmbildung

- Alle Fähigkeiten, die das Kind im Rahmen seiner *geistigen Entwicklung* erwirbt: sein Erinnerungsvermögen, die Fähigkeit des Erkennens, des Wahrnehmens, des Unterscheidens, des Differenzierens oder der Zuordnung
- Alle Fähigkeiten, die das Kind im Rahmen der *sozial-emotionalen Entwicklung* erwirbt: so die Fähigkeit, Beziehungen zu anderen Menschen aufzubauen und zu pflegen oder die Fähigkeit, anderen Menschen zu vertrauen

Die Sprachentwicklung kann nur dann einsetzen, wenn

- der Erwerb der meisten dieser grundlegenden Fähigkeiten bereits begonnen hat und normal weiter läuft und
- diese Entwicklungsprozesse in Beziehung zueinander stehen („sensomotorische Integration") (Wendlandt 1995, 13).

Wenn sich aber manche dieser Fähigkeiten, aus unterschiedlichen Gründen, nicht weiter entwickeln können oder keine Beziehung mehr zueinander oder zu anderen Fähigkeiten haben, treten Störungen in der Sprachentwicklung auf.

Über die Art und Weise, wie Kinder sprechen lernen, liegen eine Fülle von empirischen Ergebnissen, Befunden und theoretischen Ansätzen vor, die aus Beobachtungen, Experimenten, Untersuchungen oder Tagebüchern stammen. Man entwickelte dabei Modelle, welche die verschiedenen Phasen der Sprachentwicklung und ihre Abfolge bildlich darstellen. Eines davon ist die „Sprachpyramide" (Wendlandt 1995, 23). Anhand einer auf dem Kopf stehenden Pyramide werden die Schritte, die jedes Kind bei der Entwicklung seines

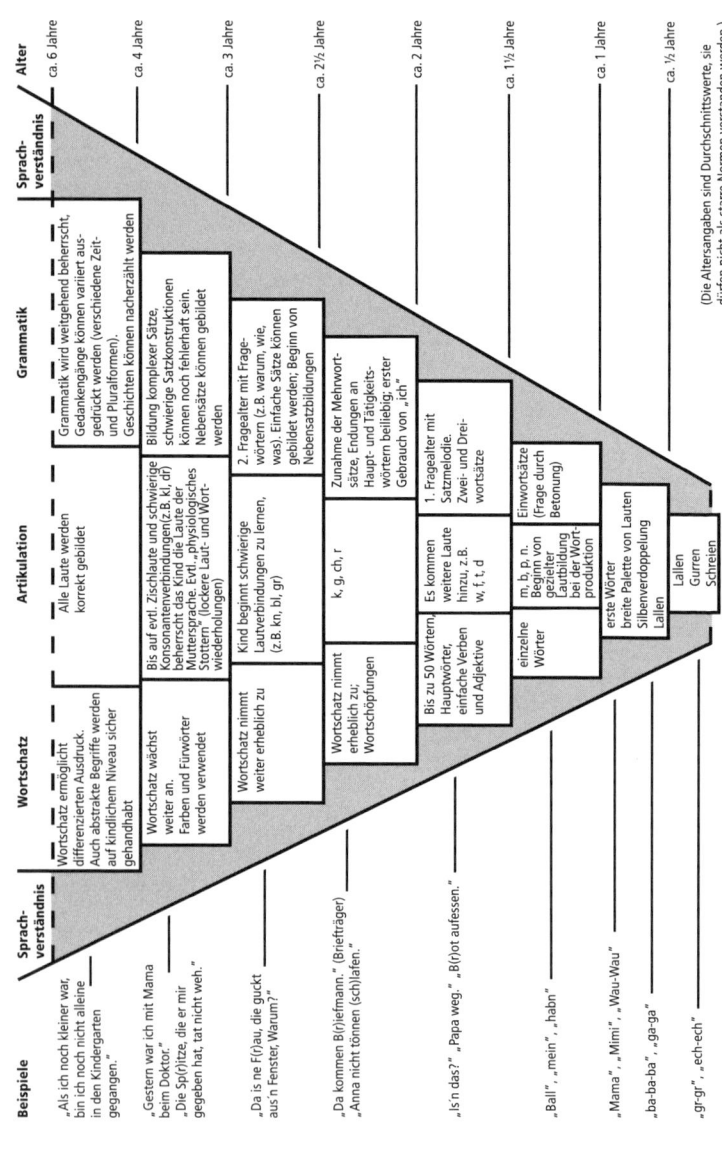

Abb. 5: Die Sprachpyramide (Wendlandt 1995, 23)

Sprachverständnisses sowie beim Erwerb der Laute bzw. der Lautverbindungen, des Wortschatzes und der Grammatik der Sprache aus seiner Umgebung macht, mit den entsprechenden Altersangaben veranschaulicht (siehe Abb. 5). Dabei wird der zeitliche Ablauf der Sprachentwicklung bis zum Alter von 6 Jahren dargestellt, also bis zu dem Zeitpunkt, an dem jedes Kind normalerweise die Sprache weitgehend erworben hat. Allerdings gibt es auch nach diesem Alter eine Weiterentwicklung bzw. eine Verfeinerung der Sprache.

Die wichtigsten Sprachentwicklungsphasen

Bis zum **Alter von 6 Monaten** versucht das Kind zu lernen, wie es seine Artikulations- und Stimmorgane, d. h. Lippen, Zunge, Gaumen, aber auch seine Atmung gebrauchen kann. Dabei produziert es verschiedene Juchz-, Gurr- und Quietschlaute, mit denen es seine Zufriedenheit, seinen Ärger oder auch seine Bedürfnisse und Wünsche äußern kann. Diese Art von Lauten produziert jedes Kind auf der ganzen Welt. Wie in vielen international vergleichenden Untersuchungen und Studien festgestellt wurde, produzieren alle Kinder in dieser Phase der Sprachentwicklung dieselben Laute, egal, welches ihre Umgebungssprache ist. Auch von zweisprachigen Kindern sind solche Laute bis zum 6. Monat oder etwas darüber hinaus zu hören. Nach und nach gleichen sich diese ‚internationalen' Laute den Lauten der Umgebung an. Das Kind produziert also allmählich nur noch solche Laute, die es selbst jeden Tag hört. Mit diesen Lauten bildet es Reihen von Silben, die als „Silbenverdopplungen" bekannt sind (ma ma ma, ba ba, da da) und sich manchmal wie Wörter anhören. In dieser Zeit behaupten viele Eltern ganz stolz, dass ihr sieben oder acht Monate altes Kind bereits Mama oder Papa sagen kann. Dabei spricht das

Kind in diesem Alter meistens noch nicht bewusst die Wörter „Mama" oder „Papa" aus.

Das *bilinguale* Kind erwirbt erst die einfachen Laute seiner beiden Umgebungssprachen, die meistens auch in beiden Sprachen identisch sind. Diese Laute sind in der Regel Vokale, die die gleiche Qualität in beiden Sprachsystemen besitzen, wie /a/, /o/, /u/, /i/, etc. oder auch Konsonanten wie /m/, /b/, /p/, /n/.

Mit **einem Jahr** bilden Kinder die ersten Wörter, die aus einer oder zwei Silben bestehen. Die meisten dieser Wörter gehören der Babysprache an, wie z. B. „tato" für Auto. Mit jedem neuen Wort, welches das Kind produziert, trainiert es auch die Bildung von Lauten, die es mit der Zeit auch erwirbt.

Beim *zweisprachigen* Kind können diese Wörter beiden Sprachen angehören oder eine von einer der beiden Sprachen ähnliche Wortstruktur aufweisen. So sagt Olivier, der Französisch und Deutsch erzogen wird, z. B. „baba", wenn er etwas trinken möchte – „baba" vom Französischen „boire" (trinken) (Kielhöfer/Jonekeit 2002).

In dieser Entwicklungsphase versucht das Kind, durch einzelne Wörter und eine eigene Sprachmelodie Sätze zu formulieren. So heißt „auf" in Kindersprache oft „Ich will auf den Arm"; „heia" bedeutet für viele deutsche Kinder „Ich will schlafen gehen". Häufig werden mit dem gleichen Wort verschiedene Bedeutungen oder Satzinhalte verbunden: Mit dem Wort „ball" kann z. B. das Kind Verschiedenes meinen. Entweder „Ich will mit dem Ball spielen", „Gib mir den Ball" oder „Der Ball ist weg".

Mit **zwei Jahren** verfügt das Kind über einen großen Teil der einfachen Sprachlaute. Sein Wortschatz enthält jetzt Substantive, Verben sowie Adjektive und wird in den nächsten Monaten explosionsartig erweitert – auch mit kreativen Wortneuschöpfungen, wie z. B. „Aufmacher" für Dosenöffner. Es heißt, dass Kinder am Ende ihres zweiten Lebensjahres über etwa 250 Wörter verfügen. In dieser Zeit fangen sie an, die so genannten „Zwei- oder Dreiwortsätze" zu bilden, indem sie zwei oder drei Wörter ganz einfach hintereinander stellen: „opa essen", „papa weg", „da auto", „Maria tasse".

Bei einem zweisprachigen Kind tauchen häufig Zwei- oder Dreiwortsätze gleichzeitig in beiden Sprachen auf.

- *Olivier, ein Deutsch-Französisch sprechender Junge,*
- *zeigt auf einen Schneemann, der auf dem Boden liegt*
- *und sagt: „Neemann putt – nomme neige casse".*
- *(Kielhöfer/Jonekeit 2002)*

In den sprachlichen Äußerungen des zweijährigen Kindes tauchen die ersten Fragen auf. Es versteht natürlich viel mehr als es selbst sprechen kann. Sein passiver Wortschatz ist also wesentlich weiter entwickelt als sein aktiver. Ein zweieinhalb-jähriges Kind kann langsam Mehrwortsätze (eine Reihe von vier oder mehr Wörtern) bilden und richtige Fragen stellen. Es ist auch in der Lage, die meisten Laute auszusprechen, doch noch nicht die verschiedenen Lautverbindungen /kl/, /pfl/, /tr/ oder /str/.

Wenn das Kind **drei Jahre** alt ist, kann es einfache Sätze korrekt bilden. Dabei beachtet es immer häufiger grammatische Regeln und versucht die Formen der Verben richtig zu verwenden, was ihm natürlich am Anfang nicht immer gelingt: „Papa ist gegeht" heißt es dann manchmal. Es verwendet häufig in seinen Erzählungen Nebensätze und stellt ‚W-Fragen' (wer, was, wann, wo, warum ...) – wie Lisa: Sie ist fast 3,5 Jahre alt, wird Italienisch und Deutsch erzogen und fragt ihre Freundin: „Dové Kitty?" und gleich später „Wo ist Kitty?" (Volterra/Taeschner 1978)

Da das *zweisprachige* Kind offenbar Interesse daran hat, das bereits in der einen Sprache erworbene Wort auch in der anderen Sprache zu lernen, stellt es wiederholt die Frage: „Wie sagt Mama (oder Papa) dazu?" Die Aussprache des Kindes wird mit der Zeit deutlicher, auch wenn es längere mehrsilbige Wörter, wie Marmelade oder Eisenbahn, artikuliert.

Im **vierten Jahr** erweitert das Kind seinen aktiven Wortschatz. Präpositionen, Personalpronomina, Namen von Farben, Zahlen und einige abstrakte Begriffe kommen hinzu. Es kann Gedanken und Geschichten sprachlich darstellen und Bilder beschreiben. Dabei nutzt es immer häufiger die richtige grammatische Form und die entsprechenden Satzstrukturen.

Jetzt kann es Lautverbindungen innerhalb eines Wortes richtig artikulieren, wobei Laute wie /sch/, /s/, /r/, in der Regel noch nicht erworben sind.

Bis zum **sechsten Lebensjahr** kann das Kind meistens alle Laute und Lautverbindungen im Wortkontext aussprechen. Es hat also nicht nur die einzelnen Laute bzw. Lautverbindungen erworben, sondern auch die Regeln des Lautsystems seiner Sprache gelernt und kann jetzt jedes Phonem entsprechend seiner Bedeutung angemessen einsetzen. Es verfügt über einen breiten aktiven und passiven Wortschatz mit vielen abstrakten Begriffen und Oberbegriffen. Die Struktur und die grammatische Form seiner Sätze sind meistens richtig. Das Kind kann jetzt, kurz vor der Einschulung, komplizierte Gedankengänge sprachlich meistens korrekt ausdrücken.

◆ *Welches sind die Besonderheiten der zweisprachigen Sprachentwicklung?*

Ein Sprachsystem oder zwei Sprachsysteme?
Wie vorher erwähnt, herrscht die Meinung vor, dass das zweisprachige Kind Sprachen im Großen und Ganzen genauso lernt wie ein einsprachiges Kind. Das zweisprachige Kind muss während der Sprachentwicklung zwischen den beiden Sprachen zu unterscheiden lernen. Ausgehend von diesen Tatsachen stellt sich von selbst die Frage: Entwickelt das zweisprachige Kind beim Sprechenlernen von Anfang an ein gemeinsames Sprachsystem für beide Sprachen oder zwei unterschiedliche Sprachsysteme? Bis jetzt ist diese Frage noch nicht eindeutig beantwortet.

Es gibt eine Gruppe von Wissenschaftlern, die überzeugt ist, dass zweisprachige Kinder von Anfang an in der Lage sind, beide Sprachen auseinander zu halten und sie deshalb zwei unterschiedliche Sprachsysteme bereits in den ersten Monaten ihres Lebens entwickeln. Bei der zweisprachigen Sprachentwicklung handelt es sich also um zwei getrennt voneinander ablaufende Erwerbsprozesse, die im Prinzip parallel zueinander verlaufen.

Andere Wissenschaftler vertreten die Meinung, dass das bilinguale Kind zuerst ein gemeinsames Sprachsystem entwickelt. Im Laufe der Sprachentwicklung wird dann dieses System nach und nach in zwei unterschiedliche Sprachsysteme differenziert.

Die Erfahrungen, die ich bei der Sprachentwicklung

meiner Tochter und auch bei anderen zweisprachig aufwachsenden Kindern machte, sprechen eher für die Annahme eines von Anfang an einheitlichen Sprachsystems. Dieses System beinhaltet Sprachelemente aus beiden Sprachen und wird nach und nach differenziert und separiert. Auch die Informationen und Daten, die aus Einzelfallstudien von zweisprachig erzogenen Kindern vorliegen, belegen diese Annahme, die folgende Fragen nach sich ziehen:

- Ab wann fängt das zweisprachige Kind an, zwischen den beiden Sprachen zu unterscheiden und dadurch zwei unterschiedliche Sprachsysteme zu entwickeln?
- Wie verlaufen die Erwerbsprozesse auf den drei verschiedenen Sprachebenen (der phonologischen, der semantischen und der grammatischen)?

Zur Beantwortung dieser Fragen wurde das „Drei-Stufen-Modell" von einem mehrsprachigen Elternpaar in den 70er Jahren entwickelt. Sie haben ihre beiden Töchter, Lisa und Giuila, zweisprachig, Deutsch und Italienisch, erzogen.

Das „Drei-Stufen Modell"
Dieses Modell beschreibt die Sprachentwicklung zweisprachiger Kinder im Alter von 1 bis 3 Jahren. Allerdings bezieht es sich nur auf die Entwicklung des Wortschatzes (lexikalisches System) und der Grammatik (grammatisches System). Zum Erwerb der Aussprache werden Informationen nur am Rande gegeben. Das Modell unterscheidet drei Stufen in der Sprachentwicklung zweisprachiger Kinder (siehe Abb. 6).

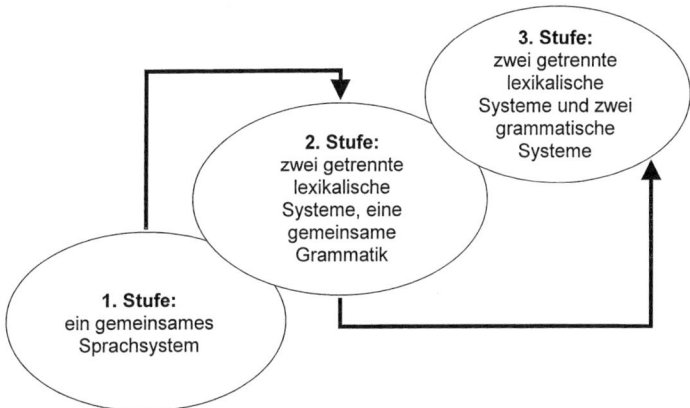

Abb. 6: Die drei Stufen der zweisprachigen Sprachentwicklung (nach Volterra/Taeschner 1978)

1. Stufe: Das Kind hat ein lexikalisches System, das Wörter aus beiden Sprachen einschließt.
2. Stufe: Das Kind hat zwei unterschiedliche lexikalische Systeme, aber nur eine Grammatik.
3. Stufe: Das Kind verfügt über je ein lexikalisches und ein grammatisches System.

Volterra und Taeschner beschreiben im Einzelnen wie folgt ihr Entwicklungsmodell:

1. Stufe: ein gemeinsames Sprachsystem, das Wörter aus beiden Sprachen enthält (Alter: ca. 1 bis 2 Jahre) Das zweisprachige Kind befindet sich im Sprachentwicklungsstadium der Ein-Wort-Äußerung. Es verwendet ein Wort, um seine Gedanken, Wünsche oder Bedürfnisse zu äußern: Giulia sagt z. B. „upa", wenn sie auf den Arm genommen werden möchte (Volterra/Taeschner 1978). Der Wortschatz des zweisprachigen Kindes besteht aus Wörtern, die aus beiden Sprachen stammen. Für jeden Gegenstand verfügt das Kind meistens aktiv über ein Wort, das aus einer der beiden Sprachen stammt. In welcher Sprache es dieses Wort verwendet, hängt davon ab, in welcher Sprache es das Wort zum ersten Mal oder am häufigsten hörte. Wenn es ein Wort in der einen Sprache einmal kennt, verwendet es in dieser Phase das damit korrespondierende Wort aus der anderen Sprache in der Regel nicht – was wiederum nicht bedeutet, dass es dieses Wort nicht verstehen kann.

Allgemein kann man sagen, dass das Kind in dieser Phase nicht interessiert ist, äquivalente Wörter zu erwerben. Wenn es zwei äquivalente Wörter bereits kennt, verwendet es nur eines aktiv. Manchmal geben Kinder Wörtern aber auch neue Bedeutungen. So verwendete Lisa im Alter von 1 Jahr das italienische Wort „la" (= da) für Dinge, die sie nicht sehen konnte, während sie das deutsche Wort „da" für Dinge, die sie sehen konnte, benutzte (Volterra/Taeschner 1978).

Der Wortschatz beinhaltet in dieser Phase auch Wörter, die nicht existieren, die von ihnen konstruiert werden. Zwei Arten von solchen Wörtern kommen häufig vor:

- die so genannten *„Blends"*: Sie werden durch die lautliche Verschmelzung zweier Wörter mit gleicher Bedeutung aus beiden Sprachen konstruiert. So ist „shot" z. B. eine Verschmelzung aus dem französischen Wort „chaud" für „heiß" und dem englischen „hot";
- *zusammengefügte Wörter*: Sie werden vom Kind konstruiert, indem es zwei unterschiedliche Wörter aus beiden Sprachen zusammenfügt. „Löchermaker" kann dann für „Locher" stehen.

Sowohl „Blends" als auch die zusammengefügten Wörter gelten in der Bilingualismusforschung als Hinweise auf ein einziges in dieser Phase existierendes Sprachsystem.

Manchmal bildet das zweisprachige Kind in dieser Phase auch zwei- oder drei- Wort-Äußerungen. Sie bestehen aus Mischungen von Wörtern aus beiden Sprachen und weisen keine syntaktischen Strukturen auf.

Mama tita daki
„tita" kommt aus dem Italienischen „matita" (Stift)
„daki" stammt von dem deutschen Wort „danke" (Volterra/Taeschner 1978).

2. Stufe: zwei lexikalische Systeme, aber nur eine Grammatik (Alter: ca. 2 bis 3 Jahre): In dieser Phase findet eine explosionsartige Erweiterung des Wortschatzes statt. Das zweisprachige Kind versucht, für jedes Wort, das es in der einen Sprache kennt, das Äquivalent in der anderen Sprache zu erfahren und zu erwerben. Es fragt oft danach. Es baut sich langsam seinen Wortschatz aus Wörtern auf, die dieselben Gegenstände und Handlungen in beiden Sprachen bezeichnen. Es verfügt inzwischen auch über die kognitive Reife, die es ihm erlaubt, die bereits erworbenen Wörter je nach Sprache zu kategorisieren. Für diese Unterscheidung und Einordnung wendet es häufig den Satz an: *„So sagt die Mama."* Oder: *„So sagt der Papa"*. Damit bildet es langsam zwei getrennte unterschiedliche lexikalische Systeme aus.

In dieser Stufe finden sich noch oft Äußerungen, die Elemente beider Sprachen enthalten (Sprachmischungen). Dies ist offensichtlich der Fall, wenn ein schwieriges Wort nur in einer Sprache vorhanden ist. Sprachmischungen sind charakteristisch für diese Entwicklungsphase.

> *Lisa wird zweisprachig, Deutsch und Italienisch, erzogen. Sie sagt mit 2,5 Jahren zu ihrer Mama:*
> *„La panna da oben ada." (Die Sahne ist da oben, schau.)*
> *oder:*
> *„Spetta lass zu Lisa komm ida, bene? Bene." (Volterra/Taeschner 1978).*

Allmählich wird dem zweisprachigen Kind bewusst, dass in seiner Umgebung zwei verschiedene Sprachen gesprochen werden. Dies zeigt sein Sprachverhalten. Und während es in dieser Zeit über zwei getrennte Lexika verfügt, ist es noch nicht in der Lage, die beiden Sprachen syntaktisch und morphologisch auseinander zu halten. Seine Äußerungen weisen noch keine richtige morphologische oder syntaktische Struktur, die der einen oder anderen Sprache ähnlich oder identisch ist. Es bildet oft Mischäußerungen, die eigentlich den genauen Stand reflektieren, den das zweisprachige Kind jedes Mal in der Grammatik und Syntax jeder Sprache erreichen konnte. Wenn das bilinguale Kind über eine Struktur in der einen Sprache nicht verfügt, leiht es sie aus der anderen Sprache (grammatische Sprachmischungen).

> *Hanna, die englisch- und deutschsprachig aufwächst, bildet mit fast 3 Jahren folgende Sätze: „Kannst du move a bit?" oder „Ich habe gemade you much better". Ein paar Monate später erscheint auch ein englisches Modalverb in ihren Mischäußerungen: „He should warten for us", d. h. das Englische holte den Vorsprung des Deutschen auf. (Tracy 1996, 87)*

3. Stufe: zwei lexikalische und zwei grammatische Systeme (Alter: älter als 3 Jahre): In dieser Phase lernt das bilinguale Kind, im Rahmen einer Reihe von Erwerbsprozessen auch zwei getrennte syntaktische Systeme zu entwickeln. Langsam wird es ihm bewusst, dass den in seiner Umgebung produzierten Äußerungen zwei unterschiedliche Systeme von Regeln zugrunde liegen. Und diese Regeln versucht es bei seinen eigenen Äußerungen immer wieder aktiv einzusetzen. Dies führt oft zu Fehlern, die die Form einer Übergeneralisierung der jeweiligen eingesetzten Regel aufweisen.

Durch die Reaktion der Umgebung auf seine falschen Äußerungen erkennt das bilinguale Kind, wann und wie es jede Regel einsetzen soll. Auf diese Weise erwirbt es nach und nach das syntaktische System jeder seiner beiden Sprachen und verfügt bis zum Ende dieser Phase über zwei verschiedene Sprachsysteme. Allerdings sagen Volterra und Taeschner nicht eindeutig, bis wann die zweisprachige Sprachentwicklung abgeschlossen sein sollte.

Wenn das Kind in einer Umgebung aufwächst, in der jede Sprache einer bestimmten Person zugeordnet ist, kann es in dieser Entwicklungsphase seinen jeweiligen Kommunikationspartner in der entsprechenden Sprache ansprechen. So entwickelt es langsam die Fähigkeit, während des Sprechens, je nach Gesprächspartner, aus der einen Sprache in die andere zu wechseln – meistens ohne Schwierigkeiten („code-switching").

> *Der etwa 2,5 Jahre alte, englisch- und deutschsprachige Frank fragt seinen Bruder: „What ist that, Tom?" Nachdem Frank drei Mal die gleiche Frage stellte und von seinem Bruder keine Antwort bekam, stellt er die gleiche Frage auf Deutsch: „Was ist das, Tom?" Daraufhin antwortet Tom: „Das ist ein Auto, Frankie."*
> *(Saunders 1982)*

Sprachmischungen erscheinen normalerweise während dieser Phase nicht mehr so oft in den Äußerungen des bilingualen Kindes. Dauer und Vollendungsgrad dieser dritten Phase hängen von einer Reihe von Faktoren ab, wie z. B.

- vom Kind selbst, d. h. von seiner Persönlichkeit, von seiner Begabung
- von der Einstellung der Bezugspersonen zu gemischten Äußerungen
- von der Intensität und dem Ausmaß des Kontaktes zu beiden Sprachen (Sprachangebot)

Wenn die beiden Sprachsysteme dann getrennt sind, heißt es sicherlich nicht, dass sich die Sprachen des Kindes weiterhin nicht gegenseitig beeinflussen. Insbesondere wird die weniger gebrauchte Sprache, die schwache Sprache, durch die starke Sprache negativ beeinflusst. Dies führt häufig zur Erscheinung von phonologischen, lexikalischen und grammatischen Interferenzen. Diese Interferenzen sind kein Grund zur Beunruhigung, da sie, wie wir im vierten Kapitel sehen werden, keine Sprachstörung darstellen.

Zusammenfassung

Ein Kind lernt von Geburt an zwei oder drei Sprachen fast genauso gut, wie es eine Sprache lernt. Am Anfang erwirbt es die einfachsten, meistens gemeinsamen Laute seiner beiden Sprachen, wie /m/, /b/, /t/ und spricht ein- oder zweisilbige einfache Wörter. Später verfügt es über schwierigere Laute oder Lautverbindungen, die nur in einer seiner Sprachen vorkommen, wie /sch/, /str/, /br/, und es kann mehrsilbige Wörter aussprechen. Zuerst erwirbt es Verben und Substantive, später dann Adjektive und Adverbien. Seine Gedanken, Wünsche oder Bedürfnisse äußert es zuerst in einfachen Ein- oder Zweiwortsätze. Mit der Zeit lernt es, längere Sätze zu bilden. Komplizierte Nebensätze werden erst viel später richtig gebildet. Etwa mit zwei Jahren wird es dem Kind langsam bewusst, dass in seiner Umgebung zwei oder drei Sprachen gesprochen werden. In diesem Alter bildet es zwei unterschiedliche Lexika. Nach dem dritten Lebensjahr kann es dann auch zwischen den Grammatiken seiner Sprachen unterscheiden. Ein zweisprachiges Kind braucht in etwa die gleiche Zeit wie ein einsprachiges Kind, um seine Sprachen zu erwerben, es entwickeln sich aber nicht beide Sprachen gleich gut. Meistens ist es so, dass sich die eine Sprache viel weiter entwickelt als die andere. Auch der Wortschatz in den verschiedenen semantischen Feldern entwickelt sich nicht in beiden Sprachen parallel und gleich. Häufig tritt bei zweisprachigen Kindern der Fall ein, dass sie den Wortschatz zu manchen semantischen Feldern nur in der einer der beiden Sprachen erwerben.

3 Zweisprachige Sprachentwicklung und Sprachentwicklungsstörungen

Sind Verzögerungen bei einer zweisprachigen Sprachentwicklung normal?

> *Katy ist zwei Jahre alt und kann bis jetzt außer „Mama" und „Papa" kein anderes Wort richtig artikulieren. Sie versteht zwar sehr viel, aber selber kann sie nur „unverständliches Zeug" reden, sagt die Mutter, die sehr verzweifelt ist. Katys Mutter kommt aus Tschechien und ihr Vater ist Deutscher. Beide sprechen mit Katy jeweils in ihrer eigenen Erstsprache, d. h. die Muttersprache von Katy ist Tschechisch, die Vatersprache, auch Familiensprache und Umgebungssprache, ist Deutsch. Die Familie lebt seit vielen Jahren in Berlin.*

Wir haben bis jetzt besprochen, wie die zweisprachige Sprachentwicklung normalerweise verläuft. Es ist uns allen aber klar, dass es durchaus Abweichungen von den Prozessen und den angegebenen Zeitpunkten geben kann. Nicht alle zweisprachigen Kinder können z. B. mit sechs Monaten ihre ersten Laute aussprechen. Genauso wenig kann jedes zweisprachige Kind mit zwei Jahren zwei verschiedene lexikalische Systeme haben.

Bei einem normalen Entwicklungsverlauf sind individuelle Unterschiede, sowohl bezüglich der Zeit des Vorkommens einer Entwicklungsstufe als auch der Reihenfolge der Erwerbsprozesse, ganz natürlich und normal. Aus Längsschnitt- und aus Einzelfallstudien wird berichtet, dass bei zweisprachigen Kindern häufig der Fall auftritt, dass sie ein paar Monate später als monolinguale gleichaltrige Kinder ihre ersten Wörter aussprechen. Es kann auch sein, dass ihre Sätze in der einen oder anderen Sprache nicht die gleiche Struktur aufweisen wie die Sätze gleichaltriger monolingualer Kinder. Doch kann man mit einer ziemlich großen Sicherheit behaupten, dass die zweisprachigen Kinder, wenn bei ihnen kein Grund für eine Sprachstörung vorliegt, fast in der gleichen Zeit wie monolinguale Kinder beide Sprachen erwerben können.

Häufig tritt der Fall auf, dass die beiden Sprachen sich nicht parallel und nicht mit dem gleichen Tempo entwickeln. Dies bedeutet, dass die Entwicklungsstufen der beiden Sprachen nicht synchron verlaufen. Ab einem gewissen Zeitpunkt entwickelt sich die eine der beiden Sprachen schneller als die andere und kann am Ende der Sprachentwicklung etwa das Niveau erreichen, das auch die gleichaltrigen monolingualen Kinder aufzeigen. Diese Sprache bildet dann die „starke" Sprache des Kindes. Die zweite Sprache entwickelt sich zwar auch parallel dazu, aber sehr langsam und meistens kann sie das Niveau der anderen Sprache, auch in späteren Jahren, nicht erreichen.

Warum entwickelt sich die eine Sprache ‚normal', während die andere zurückbleibt?

Meistens liegt dieser Unterschied in der Entwicklung zwischen den beiden Sprachen am Sprachangebot, welches das zweisprachige Kind von seiner Umgebung erhält. Wenn es die meiste Zeit nur eine der beiden Sprachen hört, ist es selbstverständlich, dass sich diese Sprache normal entwickeln kann. Wenn das Kind kaum Möglichkeiten erhält, die andere der beiden Sprachen zu hören und in dieser Sprache kommunizieren zu können, ist es nicht verwunderlich, dass das zweisprachige Kind diese Sprache nicht sehr gut beherrschen wird. In dieser Sprache treten dann Verzögerungen in den verschiedenen Entwicklungsstufen auf. Es kann z. B. sein, dass das Kind mit fünf Jahren in dieser Sprache immer noch über einen begrenzten Wortschatz verfügt, dass es viele Laute dieser Sprache nicht richtig aussprechen kann und seine Sätze in der Regel dysgrammatisch (grammatisch falsch gebildet) sind. Das heißt nicht, dass das Kind sprachgestört ist und eine Sprachtherapie benötigt. Liegt eine Sprachstörung vor, so tritt diese normalerweise in beiden Sprachen auf, wie wir später sehen werden. Wenn ein zweisprachiges Kind in der einen Sprache ein normales Entwicklungsniveau aufweist, in der anderen aber eine Entwicklungsverzögerung zeigt, weist dies eindeutig darauf hin, dass das Kind keine Sprachstörung hat und keine Sprachtherapie braucht. Damit sich die zweite Sprache weiterentwickeln kann, ist es notwendig, dem Kind reichliche sprachliche Anregungen in dieser Sprache anzubieten. Es sollte eine intensive und gezielte Sprachförderung durchgeführt werden.

Verursacht Zweisprachigkeit eine Sprachstörung?

Betroffene und interessierte Eltern stellen häufig die Frage: „Kann der gleichzeitige Erwerb zweier Sprachen die Ursache für eine Sprachstörung sein?"
   Leider findet man auch heutzutage immer noch

Ärzte, Pädagogen und Psychologen, die die Meinung vertreten, die zweisprachige Erziehung könnte eine Überforderung für ein Kind sein und deshalb eine Sprachstörung hervorrufen. Nach mehrjähriger sprachtherapeutischer Tätigkeit bei zweisprachigen sprachbehinderten Kindern kann ich behaupten, dass die Zweisprachigkeit auf keinen Fall *allein der Grund* dafür sein kann, dass ein zweisprachiges Kind die eine oder die andere Sprachstörung zeigt. Der Faktor ‚Zweisprachigkeit' hat bei einer Sprachstörung von zweisprachigen Kindern eher die Rolle eines Auslösers oder eines Multiplikators. Was bedeutet das?

Eine Sprachstörung tritt bei zweisprachigen wie auch bei monolingualen Kindern nur dann auf, wenn eine Reihe von belastenden Bedingungen vorhanden sind. Zu diesem Bedingungsnetz gehören unter anderen folgende Faktoren:

- eine Verzögerung der Gesamtentwicklung des Kindes oder von bestimmten Bereichen in seiner Entwicklung, wie z. B. der motorischen, senso-motorischen, akustischen, geistigen oder auch emotionalen Entwicklung.
- eine Minderung der akustischen Differenzierungsfähigkeit. Demnach kann das Kind sehr gut hören, zeigt aber große Schwierigkeiten, verschiedene oder ähnliche Laute akustisch zu unterscheiden und sie wahrzunehmen.
- eine Unterentwicklung des Tastsinnes. Dies kann sich z. B. darin äußern, dass das Kind Schwierigkeiten hat, die Lage und die Bewegungsrichtung von Körperteilen (Zunge, Lippen) zueinander ständig wahrzunehmen und sehr schnell zu steuern.
- eine Verarmung des sprachlichen Angebots der Umgebung des Kindes. Wenn das direkte Umfeld des

zweisprachigen Kindes wenige bzw. zu viele oder auch nicht die richtigen sprachlichen Muster im Rahmen der täglichen Kommunikation anbietet.
- die Eltern sind sehr beschäftigt und haben wenig Zeit und vielleicht auch wenig Lust, sich mit ihrem Kind zu beschäftigen – mit ihm zu spielen, ihm vorzusingen oder ihm Geschichten zu erzählen bzw. vorzulesen.
- Bezugspersonen verwenden in ihrer Kommunikation mit dem Kind eine „Mischsprache". Die Tatsache, dass manche Wörter in der einen und manche in der anderen Sprache geäußert werden, kann sich auf die Sprachentwicklung des Kindes negativ auswirken.

Wenn bei einem zweisprachigen Kind einige der oben dargestellten Bedingungen zusammenkommen, kann eine Sprachstörung durch die zusätzliche Belastung des Erwerbs zweier unterschiedlicher Sprachen hervorgerufen werden. Die Symptome dieser Störung treten aufgrund der Zweisprachigkeit intensiv, meistens intensiver als bei monolingualen Kindern, auf.

Die fünfjährige Anne wird zweisprachig erzogen. Sie soll Deutsch und Italienisch lernen. Anne besucht einen deutschen Kindergarten in Lindau, wird aber von den anderen Kindern nicht verstanden, obwohl sie Deutsch sprechen kann. Ihre Aussprache ist nicht deutlich, sagen die Kindergärtnerinnen. Anne ist seit zwei Monaten bei einer Logopädin in Behandlung, die feststellte, dass ein großer Teil der deutschen Laute von der Störung betroffen sind. Die Logopädin ist der Meinung, dass, wenn Anne nicht zweisprachig wäre, ihre Sprachstörung nicht in diesem Ausmaß auftreten würde.

Die Therapie einer Sprachstörung bei zweisprachigen Kindern ist meistens komplizierter und kann länger als bei monolingualen Kindern dauern. Dies liegt nicht nur daran, dass die Störung tiefer in die Sprachstruktur eingreift. Hinzu kommt, dass man bei der Therapie beide Sprachen berücksichtigen sollte, weil Fehler in der einen Sprache auch die Entwicklung der anderen Sprache beeinflussen. Wenn in der einen Sprache ein Symptom, z. B. die falsche Pluralbildung, behoben wird, verschwindet in Kürze das äquivalente Symptom in der anderen Sprache ebenfalls. Um eine zweisprachige Therapie durchführen zu können, sollte man aber nicht nur über Kenntnisse in beiden Sprachen, sondern auch über ein zweisprachiges Diagnose- und Therapiematerial verfügen. Diese beiden Bedingungen einer erfolgreichen zweisprachigen Therapie sind aber sehr schwer zu erfüllen. Es ist leider nicht möglich, einen Sprachtherapeuten oder eine -therapeutin zu finden, die beide Sprachen des Kindes beherrscht. Darüber hinaus gibt es kaum zweisprachiges Diagnose- oder Therapiematerial.

Welche Sprachstörungen treten bei einer zweisprachigen Sprachentwicklung auf?

Wie bei einer monolingualen, so können auch bei einer zweisprachigen Sprachentwicklung Schwierigkeiten und Störungen auftreten. Es ist normal, dass bei einer Entwicklung nicht immer und nicht alles ‚nach Plan' verläuft. Und bis zu einem gewissen Punkt ist eine aufgetretene Schwierigkeit kein Grund zur Besorgnis. Sie könnte sogar auf einen bevorstehenden physiologischen Entwicklungsschritt des Kindes hinweisen. Doch es gibt auch Schwierigkeiten, die ernst zu nehmen sind. Sie sind Zeichen, dass das Kind Hilfe und Unterstützung in seiner Sprachentwicklung braucht. Damit Eltern und Erzieher aber diese Unterstützung ihrem Kind geben können, sollten sie sich zuerst die Meinung von Spezialisten, am besten von Sprachtherapeuten, einholen. Sie verfügen über die nötige Kompetenz, die Schwierigkeiten des Kindes genau zu beobachten und zu diagnostizieren und dann dem Kind adäquate Hilfe anzubieten. Außerdem müssen Eltern und Erziehungsberechtigte von ihnen lernen, sich ‚richtig' zu verhalten. Es gibt zwei zentrale Fragen, die sich in diesem Zusammenhang stellen:

– Welche Schwierigkeiten des Kindes könnten ein Zeichen dafür sein, dass vielleicht eine Störung in seiner Sprachentwicklung vorliegt?
– Ab wann sollte man eine Sprachtherapeutin aufsuchen?

Um diese Fragen beantworten zu können, ist es notwendig und auch wichtig, zunächst verschiedene mögliche Störungen einer Sprachentwicklung kennen zu lernen. Wichtig sind dabei die Hinweise über den Zeitpunkt, ab dem eine Sprachschwierigkeit als Störung betrachtet werden muss.

Bei der zweisprachigen Sprachentwicklung treten genau dieselben Störungen wie bei der monolingualen Sprachenentwicklung auf. Sie können die Entwicklung der Aussprache, des Wortschatzes, der Grammatik oder auch der Prosodie betreffen. Die vier häufigsten Sprachstörungen im Kindesalter sind:

– das Stammeln
– der Dysgrammatismus
– die Sprachentwicklungsstörung
– das Stottern

◆ *Stammeln*

Das Kind „stammelt", wenn es bestimmte Laute eines Wortes nicht deutlich ausspricht. Die Störung kann dabei einen, zwei oder mehrere Laute bzw. Lautverbindungen betreffen. Es kommt vor, dass das Kind die betroffenen Laute

- nicht ausspricht und „ose" statt „Rose", „laus" statt „Klaus" sagt
- oder sie durch andere ersetzt: z. B. „lose" statt „Rose"

Es kann auch sein, dass das Kind mehrsilbige Wörter vereinfacht ausspricht: „lade" statt „Schokolade", „bahn" statt „Eisenbahn". Diese Artikulationsschwierigkeiten hat im Prinzip jedes Kind, während es das Sprechen lernt. Kein Kleinkind schafft auf Anhieb, alle Laute der Sprache seiner Umgebung gleich richtig zu artikulieren. In einem bestimmten Alter stammeln alle Kinder.

Ab welchem Alter ist es nicht mehr ‚normal', wenn ein Kind stammelt?
Normalerweise sollte ein Kind bis zu seinem vierten Lebensjahr die meisten Laute seiner Umgebungssprache sowohl isoliert als auch innerhalb eines Wortes aussprechen können. Falls es mit vier Jahren immer noch eine undeutliche Aussprache hat und von seiner Umgebung nicht verstanden wird, ist es höchste Zeit, einen Sprachtherapeuten aufzusuchen. Wir wissen, dass das Prinzip der Früherkennung auch für die Sprachtherapie sehr wichtig ist.
Kann das Kind mit fünf Jahren nur bestimmte Laute, wie z. B. /s/, /th/ oder /r/ noch nicht richtig aussprechen, sollte ebenfalls eine Sprachtherapeutin auf-

gesucht werden. Um Problemen beim Schriftspracherwerb vorzubeugen, darf das Kind zum Zeitpunkt der Einschulung keine Artikulationsstörungen aufweisen. Deshalb wird Eltern dringend empfohlen, einen Termin bei einem Sprachtherapeuten zu vereinbaren, wenn sie merken, dass ihr fünfjähriges Kind mit dem Aussprechen des einen oder des anderen Wortes Schwierigkeiten hat.

Bei zweisprachigen Kindern treten Artikulationsstörungen in der Regel in beiden Sprachen auf. Die Störungen können dann Laute betreffen, die in beiden Sprachen vorhanden sind, oder auch Laute, die nur in der einen Sprache vorkommen. Auch deshalb ist es am besten, wenn die Therapie in beiden Sprachen stattfindet.

Sind phonologische Interferenzen Sprachstörungen?

Manchmal ersetzt ein zweisprachiges Kind bestimmte Laute der schwachen Sprache durch ähnlich klingende Laute seiner starken Sprache. So kann ein griechisch- deutschsprachiges Kind „Sokolade" statt „Schokolade" oder „chaus" statt „Haus" sagen. Hier handelt es sich um phonologische Interferenzen, die eigentlich keine Sprachstörungen sind. Sie sind aber trotzdem sprachtherapeutisch zu behandeln, wenn sie bis zum fünften oder sechsten Lebensjahr nicht von selbst verschwinden. Ich betone es noch einmal: Bei der Einschulung sollten Kinder keine Probleme mit ihrer Aussprache haben, weil diese sie beim Schreiben und Lesen lernen behindern werden.

◆ *Dysgrammatismus*

Ein Kind, das seine Gedanken durch falsch gebildete Sätze formuliert, weist die Sprachstörung des *Dysgrammatismus* auf. Jedes Kind beginnt zwischen dem ersten und dem dritten Lebensjahr Sätze zu bilden, deren Struktur nicht der Satzstruktur der Umgebungssprache entspricht. Manchmal fehlen in einem Satz Wörter oder Satzteile (Telegrammstil), (z. B. Artikel, Präpositionen, Pronomen oder Adjektive): „Papa gehen, Bilderbuch anschauen" Manchmal werden bestimmte Wörter nicht richtig dekliniert. Dann kann es heißen: „Du machen, die Kind wollen, Kind essen". Es kann auch vorkommen, dass bestimmte Wörter nicht an der richtigen Stelle im Satz stehen, z. B.: „Du nicht gehen".

Diese Sätze werden im Rahmen der Sprachentwicklung fast von jedem Kind gebildet. Deshalb sagt man, dass es ganz ‚normal' ist, wenn ein Kind zwischen seinem zweiten und vierten Lebensjahr diese Art von Sätzen produziert. Wenn das Kind aber älter ist als vier und immer noch solche Sätze bildet, zeigt es, dass es diese Entwicklungsphase, aus welchen Gründen auch immer, nicht alleine überwinden kann. Es braucht Hilfe und Unterstützung. Das bedeutet, dass Eltern oder Erzieher so bald wie möglich mit ihm einen Sprachtherapeuten aufsuchen sollten.

◆ *Sprachentwicklungsstörungen*

Häufig tritt die Störung des Dysgrammatismus in Verbindung mit der *Sprachentwicklungsstörung* (SES) auf. In diesem Fall verfügt das Kind über einen für sein Alter begrenzten Wortschatz, bildet Sätze, die eine falsche grammatische Struktur haben, und hat seine undeutliche Aussprache.

> *Maria-Elpida, ein vierjähriges Deutsch und Spanisch sprechendes Mädchen erzählt seinem deutschen Vater ein Erlebnis, das sie im Kindergarten hatte: „Katy, Ada (Alexandra), Malia wollen spielen Ecke. Amet kommen nicht spielen lassen. Auch Ludi (Rudi) kommen. Amet, Ludi Puppe weg. Malia weinen. Flau Luthka (Galuschka) kommen. Amet Ludi simfen (schimpfen). Malia Puppe spielen. Malia lachen".*

Auch bei dieser Sprachstörung ist es wichtig, dass die Eltern mit einem Besuch bei einem Sprachtherapeuten nicht lange zögern – in der Hoffnung, dass es mit der Zeit besser würde. Falls ein Kind mit vier Jahren immer noch ähnliche sprachliche Äußerungen bildet, sollte man unbedingt die Meinung eines Spezialisten einholen.

◆ *Stottern*

> *„Und, und, habe ich ganz laut ge- ge- schrien und Katy ist bö- böse geworden", erzählt der dreieinhalbjährige Mario aufgeregt seinem Vater nach dem Kindergarten. Mario ist zweisprachig, Italienisch und Deutsch, erzogen und besucht seit ein paar Monaten den deutschen Kindergarten.*

Es gibt Kinder, die zwischen ihrem zweiten und vierten Lebensjahr während des Sprechens eine Silbe oder auch nur einen Laut, manchmal aber einen Teil eines Satzes wiederholen. Diese Wiederholungen treten in diesem Alter bei manchen Kindern auf. Die Kinder selbst nehmen in der Regel diese Unflüssigkeiten nicht wahr. Es ist unter den Spezialisten als „physiologisches Stottern" bekannt und verschwindet normalerweise nach einiger Zeit von selbst, wenn die Kinder im Laufe der Sprachentwicklung mehr Sicherheit beim Sprechen gewinnen.

Jeder Sprachtherapeut wird den Eltern, deren Kind in dieser Phase der Sprachentwicklung „stottert", sagen, dass dies eine ganz natürliche Erscheinung der kindlichen Sprachentwicklung ist und diese Sprechunflüssigkeiten kein Grund zur Aufregung sind. Er wird auch mit Sicherheit hinzufügen, dass man das Kind beim „Stottern" nicht stören darf. Man sollte dem Kind in diesem Alter auf keinen Fall bewusst machen, dass es stottert. Leider sind die meisten Eltern darüber besorgt und reagieren ängstlich. Deshalb drängen sie ihr Kind mit Äußerungen wie: „Sprich doch langsam" oder „Bleib ruhig, während du sprichst". Durch solche Äußerungen wird das Kind darauf aufmerksam, dass etwas mit seiner Sprache nicht in Ordnung ist. Deshalb bemüht es sich, besser zu werden und langsamer oder normal zu sprechen. Obwohl es sich anstrengt, schafft es dies meistens nicht. Das Kind regt sich auf und bemüht sich noch mehr, langsamer zu sprechen. Dadurch setzt es sich unter noch größeren Druck, was schließlich eine Anspannung und eine Wiederholung des Stotterns verursacht. Aus diesem Teufelskreis kann sich das Kind aber nur dann befreien, wenn es sich entspannen kann und nicht auf sein Sprechen achtet. Aus diesem Grund sollten Erwachsene überhaupt nicht oder nur sehr ruhig auf dies Sprechunflüssigkeiten reagieren und das Kind nicht ständig unter Druck setzen.

Häufig trägt ein ängstliches und besorgtes Verhalten der Umgebung wesentlich dazu bei, dass das physiologische Stottern zu einem pathologischen wird. Hier sind die Grenzen fließend, und gerade für Laien ist es nicht einfach, zwischen einem physiologischen und einem pathologischen Stottern zu unterscheiden. Daher wird empfohlen, sollte das Stottern des Kindes mehr als ein halbes Jahr andauern, einen Fachmann aufzusuchen.

Noch einmal möchte ich betonen, dass es sowohl bei einem entwicklungsbedingten als auch bei einem pathologischen Stottern wichtig ist, wie Eltern, Geschwister, Verwandte oder Freunde des Kindes auf sein Sprechen reagieren. Sie sollten auf keinen Fall

- das Kind darauf aufmerksam machen
- die Sätze, die das Kind mit Mühe auszusprechen versucht, zu Ende formulieren

Dafür sollten Sie:

- ruhig bleiben
- dem Kind in Ruhe zuhören und es aussprechen lassen
- selbst langsam und deutlich, aber dennoch ‚normal' sprechen
- entspannte Sprechsituationen schaffen

Verursacht Zweisprachigkeit Stottern?
Besorgte Eltern stellen häufig die Frage, ob Stottern durch die Zweisprachigkeit hervorgerufen werden könnte. Bis in die 70er Jahre gingen viele davon aus, dass Zweisprachigkeit in den meisten Fällen Stottern verursachen würde. Diese Annahme wurde sogar durch Untersuchungen bekräftigt.

Es gibt aber keine neueren empirischen Untersuchungen, die beweisen, dass Stottern bei zweisprachigen Kindern häufiger vorkommt als bei einsprachigen. Aus meiner praktischen Erfahrung heraus vermute ich, dass bei der Entstehung des Stotterns im Kindesalter andere Faktoren, wie z. B. eine vererbte Disposition, verschiedene organische oder psychosoziale Faktoren und mit Sicherheit psychische Belastungen in der Familie, eine wichtigere Rolle spielen als die Zweisprachigkeit.

Wie soll ich mich verhalten, wenn mein Kind nicht ‚normal' spricht?

Das Verhalten der Erwachsenen spielt bei der Entstehung und bei der Stabilisierung einer Sprachstörung eine wesentliche Rolle. Ihre Reaktionen auf das Sprachverhalten des Kindes können wesentlich dazu beitragen, dass aus einer harmlosen und normalen Sprachschwierigkeit eine Sprachstörung wird. Deshalb möchte ich an dieser Stelle auf falsche wie auf richtige Reaktionen hinweisen, die sicherlich sowohl für die einsprachige, als auch mehrsprachige Erziehung wichtig sind.

1. Lassen Sie Ihr Kind *nie* ein Wort, welches es nicht richtig artikuliert, oder einen Satz, den es nicht richtig bildet, *wiederholen.*

Wenn Ihr dreijähriges Kind „lade" statt „Marmelade" sagt, und Sie wollen, dass es das Wort „Marmelade" richtig ausspricht, sagen Sie nie „Komm, sag doch Mar-me-la-de, versuch es noch einmal, du kannst es doch".

Eines muss Ihnen bewusst sein: Wenn Ihr Kind das eine oder andere Wort noch nicht richtig ausspricht, liegt es bestimmt nicht an seinem mangelnden Willen. Offensichtlich schafft es das nicht, weil es von seiner

Entwicklung her noch nicht so weit ist. Der Druck, den Ihr Kind spürt (äußerlich durch die Erwartung der Eltern, innerlich durch seinen eigenen Anspruch an sich selbst), kann zu psychischen Spannungen führen, die das Stottern auf jeden Fall verstärken werden.

Diese Gedanken sollten Sie als Eltern oder Erziehern auch den anderen Familiemitgliedern und den engsten Freunden ‚ans Herz' legen.

2. Wenn Sie merken, dass Ihr Kind ein Wort nicht richtig ausspricht oder es in einem Satz Fehler macht, sagen Sie ihm das Wort oder den Satz noch einmal *langsam, deutlich und richtig* vor – ohne das Kind zu zwingen, ihn zu wiederholen. Dadurch erfährt Ihr Kind noch einmal das richtige Sprachmuster. Es gibt Kinder, die schnell schwierige Wörter gut aussprechen und richtige Sätze bilden können. Andere Kinder hingegen brauchen mehr Zeit und eine Fülle von sprachlichen Anregungen, bis sie richtig sprechen können.

3. Wenn das Kind wiederholt Schwierigkeiten beim Sprechen hat, *vereinbaren Sie einen Termin mit einem Sprachtherapeuten.* Sie sollten abklären lassen, ob es sich dabei um eine physiologische Erscheinung der Sprachentwicklung handelt oder ob diese Schwierigkeiten bereits Symptome einer Sprachstörung darstellen. Eines sollten Sie nicht vergessen: Je früher eine Sprachstörung diagnostiziert wird, desto größer ist die Wahrscheinlichkeit, dass sie schnell und erfolgreich therapiert werden kann.

Zusammenfassung

Sowohl bei einer zweisprachigen als auch bei einer mehrsprachigen Sprachentwicklung können Störungen auftauchen. Es sind die gleichen, die auch bei einer einsprachigen Sprachentwicklung vorkommen. Wenn ein zwei- oder mehrsprachiges Kind eine Sprachstörung in der einen Sprache aufweist, tritt diese Störung mit großer Wahrscheinlichkeit auch in den anderen Sprachen auf. Interferenzen (siehe Kapitel 1) gelten dabei nicht als Sprachstörungen.

Es gilt als gesichert, dass Zwei- bzw. Mehrsprachigkeit alleine keine Sprachstörung verursacht. Sie kann aber bei einer aufgetretenen Sprachstörung als Verstärker und Multiplikator wirken. Die Störung bei mehrsprachigen Kindern kann demnach intensiver und hartnäckiger sein als bei monolingualen Kindern.

Kleine Verzögerungen der einzelnen Stufen der Sprachentwicklung in der einen der beiden oder sogar in beiden Sprachen müssen keine Verunsicherungen bei den Eltern hervorrufen. Wichtig ist, dass sich die Erwachsenen selbst beim Sprechen ‚richtig' verhalten, wenn beim Kind physiologische Schwierigkeiten auftreten. Falls diese physiologischen Sprechschwierigkeiten jedoch hartnäckig bleiben und nicht innerhalb einer bestimmten Zeit verschwinden, sollte man die Meinungen eines Sprachtherapeuten einholen.

4 Der Einfluss der Zweisprachigkeit auf die kindliche Entwicklung

Zweisprachigkeit: Chance oder Gefahr für die kindliche Entwicklung?

Peter und Fu sind seit vier Jahren verheiratet und leben in Hamburg. Er ist Deutscher und kann kaum Chinesisch. Sie ist Chinesin und spricht sehr gut Deutsch. Sie arbeitete als Dolmetscherin, inzwischen ist sie im vierten Monat schwanger. Beide freuen sich riesig auf ihr erstes Kind, machen sich aber Gedanken, ob sie es von Geburt an zweisprachig erziehen sollen. Sie befürchten, dass der fortlaufende Input zweier so verschiedener Sprachen ein Hindernis für die Sprachentwicklung ihres Kindes sein könnte.

Kann durch das ständige Bemühen, die zwei Sprachsysteme auseinander zu halten, eine Sprachentwicklungsverzögerung bei ihrem Kind auftreten?

Die Frage, ob und inwieweit eine zweisprachige Erziehung der Entwicklung eines Kindes schadet oder aber ein Gewinn für seine Persönlichkeitsentwicklung sein kann, wird von den meisten Paaren mit zwei verschiedenen Muttersprachen spätestens vor der Geburt ihres ersten Kindes gestellt und diskutiert. Man fragt sich, ob das gleichzeitige Erlernen zweier Sprachen für das kindliche Gehirn eine Überforderung sei, ob durch Konfrontation mit zwei Sprachen und zwei Kulturen das psychische Gleichgewicht des Kindes und seine emotionale Entwicklung durcheinander geraten könnten.

Diese und viele ähnliche Fragen haben seit Jahrzehnten nicht nur die betroffenen Eltern immer wieder beschäftigt, sondern genauso eine Reihe von Wissenschaftlern in verschiedenen Ländern. In der entsprechenden Fachliteratur gibt es inzwischen eine unüberschaubare Fülle von empirischen Untersuchungen und theoretischen Ansätzen, die mit ihren Daten und Thesen Antworten auf all diese Fragen geben wollen (Fthenakis et al. 1985).

Sie sind aber nicht nur für die Wissenschaft von Interesse. Es ist vor allem für Eltern, die ihr Kind zweisprachig erziehen wollen, wichtig und hilfreich, zu wissen, zu welchen Ergebnissen und theoretischen Ansätzen die wissenschaftliche Forschung gekommen ist. Deswegen werde ich im Folgenden darauf eingehen.

Zweisprachige Erziehung: Eine Überforderung für das Kind?

In der ersten Hälfte des 20. Jahrhunderts wurde von den Wissenschaftlern fast einheitlich die Ansicht vertreten, die Zweisprachigkeit im Kleinkindalter wäre eine große Gefahr und ein Verzögerungsfaktor nicht nur für den kindlichen Spracherwerb und die kognitive, sondern allgemein für seine ganze Entwicklung. Insbesondere aber soll dabei die affektive, also seine emotionale Entwicklung davon betroffen sein. In der Mehrzahl der damaligen amerikanischen und europäischen Untersuchungen konnte bewiesen werden, dass das bilingual erzogene Kind keine der beiden Sprachen so gut lernte, als hätte es sich nur auf eine Sprache beschränkt, und es negative Auswirkungen auf seine Denk- und Sprachentwicklung, seine Schulleistungen und seine Psyche gäbe (zusammengefasst in: Triarchi 1983). Die folgenden Feststellungen wurden in den damaligen Untersuchungen und Studien getroffen:

- Das zweisprachig erzogene Kind lernt weder die eine noch die andere Sprache richtig.
- Es verfügt über ein eingeschränktes Vokabular und in seiner Sprache tauchen begrenzte grammatische Strukturen, ungewöhnliche Wortanordnungen und morphologische Fehler auf.
- Es gibt einen schädlichen Einfluss auf seine Kognition, seine Leistungen und sein Verhalten in der Schule.
- Die große Anstrengung, die dem kindlichen Gehirn abverlangt wird, um zwei Sprachen zu lernen, führe zu einer wesentlichen Verminderung des für die sonstigen Lernbereiche notwendigen Lernvermögens des Kindes. Mit anderen Worten, das zweisprachige Kind weist meistens Lernschwierigkeiten auf.

Es gab aber zu jener Zeit auch Einzelfallstudien, in denen die Zweisprachigkeit als ein positiver Faktor der kindlichen Entwicklung dargelegt wurde. Diese Ansichten vertraten Spracherwerbsforscher und Linguisten, wie von Stern, Ronjat, Pavlovitch oder Leopold, die ihre eigenen Kinder zweisprachig erzogen und deren bilinguale Sprachentwicklung in Tagebüchern beschrieben hatten (McLaughlin 1984). Sie belegen mit ihren Daten, dass der bilinguale Spracherwerb ohne große zeitliche Abweichungen vom monolingualen abläuft. Auch bei der emotionalen und kognitiven Entwicklung dieser Kinder war keine besondere Auffälligkeit zu beobachten. Das Gegenteil war der Fall. Meistens wurde berichtet, dass die zweisprachige Erziehung positiv auf die kindliche Entwicklung wirkte und die ganze Familie sie positiv erlebte. Doch ihre Erkenntnisse fanden zu jener Zeit keine große Beachtung.

Sind zweisprachige Kinder sogar intelligenter als einsprachige?

Der eigentliche Wendepunkt in der Erforschung des Einflusses der Zweisprachigkeit auf die kindliche Entwicklung und der entscheidende Umschwung im Denken über die Zweisprachigkeit trat Ende der 60er Jahre durch die differenzierte kanadische Längsschnittstudie von Peal und Lambert (in: Triarchi 1983) ein. Sie verglichen die bilingualen, Französisch und Englisch sprechenden Kinder, die in Kanada im Rahmen eines speziellen zweisprachigen Erziehungsprogramms (Immersionsprogramm) die Schule besuchten, mit monolingualen, englischsprachigen Kindern, die in der gleichen Zeit eine ‚normale' monolinguale Schule in Montreal besuchten. Dabei untersuchten sie die kognitive und sprachliche Entwicklung beider Gruppen mithilfe zahlreicher sprachlicher und nicht sprachlicher Tests. Die statistische Auswertung dieser Längsschnittuntersuchung ergab, dass die zweisprachige Gruppe in allen Teilabschnitten der Intelligenz- und Sprachtests signifikant höhere Werte als die monolinguale Gruppe erzielt hatte. Darüber hinaus schnitten sie auch in den Schulleistungen besser ab als die monolingualen Kinder der Kontrollgruppe. An dieser Stelle soll auch darauf hingewiesen werden, dass bei der vorhin genannten Untersuchung ungeklärt blieb, ob die Zweisprachigkeit als die wichtigste Ursache der höheren Intelligenz betrachtet werden kann oder, umgekehrt, erst eine höhere Intelligenz eine gelungene Zweisprachigkeit ermöglicht.

Auch aus der gleichen Zeit und von derselben Gruppe von Wissenschaftlern stammt eine vergleichende Untersuchung über den Einfluss der simultanen Zweisprachigkeit auf die emotionale Entwicklung. Sie zeigt, dass die bilingualen französisch- und englischsprachigen Jugendlichen keine Probleme bei der Identifikation mit ihren bikulturellen Eltern bezüglich ihres Selbstwertgefühls oder in ihrer emotionalen Stabilität hatten. Auch ihre Werthaltungen waren Resultate einer gelungenen Verschmelzung beider Kulturen (Lambert/Aellen in: Fthenakis et al. 1985).

Diese Ergebnisse waren natürlich für alle, auch für die Forscher selbst, eine große Überraschung und zogen in den darauf folgenden 70er und 80er Jahren eine Reihe neuer Untersuchungen auf der ganzen Welt nach sich. Allerdings verfolgten die meisten von ihnen spezifische Fragestellungen bei Stichproben mit unterschiedlichen Kriterien, z. B. Grad und Art der Zweisprachigkeit, sozioökonomischer Status, psychosoziale Faktoren der Familie u. Ä. Dementsprechend häufig gelangte man zu widersprüchlichen Ergebnissen, so dass man die Befunde dieser Forschung differenziert auswerten muss (McLaughlin 1984). Ein großer Teil dieser Untersuchungsergebnisse weist darauf hin, dass sich gerade Zweisprachigkeit in frühen Jahren auf viele Bereiche der kindlichen Entwicklung positiv auswirkt (Kielhöfer/Jonekeit 2002). So wurde festgestellt:

- Zweisprachige verfügen über eine deutlich komplexere Intelligenzstruktur und größere kognitive Flexibilität als die Einsprachigen, wodurch ihre kreative Denkfähigkeit und ihre Erfindungsgabe bzw. Originalität gefördert wird.
- Sie zeigen einen frühzeitigen Erwerb eines metasprachlichen Bewusstseins, d. h., dass sie früher als

einsprachige Kinder über die Fähigkeit verfügen, über das Wesen und die Funktion der Sprache zu reflektieren.
- Die zweisprachigen Kinder sind sprachinteressierter und sprachgewandter als die einsprachigen.
- Sie zeigen eine größere soziale Sensibilität und sind toleranter, offener und anpassungsfähiger als gleichaltrige einsprachige Kinder.

Es gibt aber auch andere Untersuchungen, die ungefähr im gleichen Zeitabschnitt bei Migrantenkindern in Schweden, Peru und in Deutschland durchgeführt wurden und von negativen Auswirkungen der zweisprachigen Erziehung berichten. Hier weisen die zweisprachigen Kinder eine deutliche Sprachentwicklungsverzögerung in beiden Sprachsystemen auf und zeigen in der Schule enorme Verhaltensauffälligkeiten und Schulleistungsprobleme (Triarchi 1983).

In der Forschung sind also unterschiedliche Befunde diesbezüglich zu finden, weswegen nicht allgemein behauptet werden kann, dass sich jede Art von zweisprachiger Erziehung nur positiv oder nur negativ auf die Entwicklung des Kindes auswirkt. Man darf nicht vergessen, dass der Einfluss der Zweisprachigkeit auf die kindliche Entwicklung nicht nur das reine Erlernen zweier Sprachen betrifft. Wie wir weiter sehen werden, spielen eine Reihe von zusätzlichen Faktoren dabei eine wichtige Rolle.

Was ist bei einer zweisprachigen Entwicklung zu beachten?

Im Laufe der Jahre wurde eine Reihe von interessanten und aufschlussreichen Theorien darüber entwickelt. Ausgehend von den vorhin dargestellten unterschiedlichen Forschungsbefunden wurde dabei versucht, den Einfluss der Zweisprachigkeit auf die kindliche Entwicklung theoretisch darzustellen und ihn auf einen oder mehrere Bedingungsfaktoren zurückzuführen. Eine der bekanntesten Theorien ist die Schwellenhypothese, die vom kanadischen Spracherwerbsforscher Cummins in Anlehnung an die skandinavischen Soziolinguisten Toukomaa und Skutnabb-Kangas aufgestellt wurde (in: Triarchi 1983).

Danach sind die positiven oder negativen Auswirkungen der Zweisprachigkeit vom Kompetenzniveau abhängig, welches das bilinguale Kind in seinen beiden Sprachen erlangt. Ob sich also eine zweisprachige Erziehung positiv oder negativ auf die kindliche kognitive Entwicklung auswirkt, hängt hauptsächlich von dem Sprachentwicklungsniveau ab, welches das Kind in beiden Sprachen erreichen konnte. Es wird dabei angenommen, dass es drei Entwicklungsniveaus (Schwellen) in der Sprachkompetenz gibt.

Am besten kann man sich die Schwellenhypothese vorstellen, wenn man die Sprachkompetenz eines Kindes mit einem dreistöckigen Haus vergleicht (siehe Abb. 7). Jedes Stockwerk entspricht einem weiteren Kompetenzniveau:

Das *erste, das niedrigste Stockwerk* muss das bilinguale Kind überschreiten, damit keine negativen Auswirkungen bei seiner Entwicklung eintreten können.

Um *positive Folgen* erfahren zu können, muss das zweite, das mittlere Stockwerk, überwunden werden.

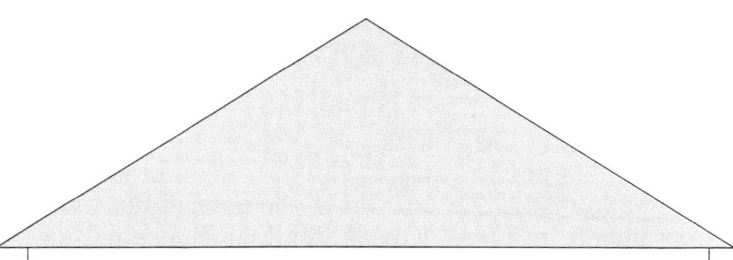

Höchstes Stockwerk: Die ausgeglichene Zweisprachigkeit: Auf diesem Level besitzt das Kind seinem Alter entsprechende Kenntnisse in beiden Sprachen, was positive Auswirkungen auf die kognitive Entwicklung hat.

Zweites Schwellenniveau

Mittleres Stockwerk: Die einseitige Zweisprachigkeit: Auf diesem Level besitzt das Kind seinem Alter entsprechende Kenntnisse in einer der beiden Sprachen. Dies kann sich entweder positiv oder negativ auf die kognitive Entwicklung auswirken.

Erstes Schwellenniveau

Niedrigstes Stockwerk: Die begrenzte Zweisprachigkeit: Hier besitzen die Kinder keine ausreichenden Kenntnisse in beiden Sprachen, was sich sehr negativ auf die kognitive Entwicklung auswirkt.

Abb. 7: Die Sprachkompetenz eines Kindes als ein dreistöckiges Haus nach der Schwellenhypothese von Cummins (Baker 1993, 136)

Nur dann kann sich, nach der Ansicht von Cummins, eine Sprachfähigkeit entwickeln, die sich positiv auf die sprachlich-kognitiven Fähigkeiten auswirkt. Diese Sprachfähigkeit nennt Cummmins „*kognitiv-akademische Sprachfähigkeit*". Mit anderen Worten, das zweisprachige Kind, dessen Sprachkompetenz das mittlere Stockwerk überschritten hat, verfügt über einen differenzierten, erweiterten Wortschatz mit abstrakten Begriffen und einer gut entwickelten Lese- und Rechtschreibfertigkeit. Es kann Texte lesen, verstehen und schreiben, komplizierte Sachzusammenhänge darstellen und abstrakte Inhalte behandeln. Diese Sprachfähigkeit wirkt sich auf die gesamte Entwicklung des Kindes positiv aus. Das zweisprachige Kind, welches das höchste Stockwerk erreicht hat, weist einen additiven Bilingualismus auf. Einen *additiven Bilingualismus* haben meistens Kinder der Majorität einer Gesellschaft oder Kinder, die eine stabile Muttersprache haben und einem anerkannten soziokulturellen Status angehören.

Bei bilingualen Kindern, deren Sprachkompetenz das untere Niveau überschritten, doch das obere noch nicht erreicht hat, dominiert meistens eine der beiden Muttersprachen. Sie erfahren weder positive noch negative Auswirkungen. Dieser Gruppe, so vermutet man, sind die meisten Fälle der zweisprachig aufwachsenden Kinder zuzuordnen.

Es gibt aber auch Fälle, in denen es das bilinguale Kind in beiden Sprachen nicht schafft, das *untere Schwellenniveau* zu überschreiten. In diesen Fällen spricht man von *subtraktivem Bilingualismus*, manchmal sogar von *Semilingualismus*. Dies bedeutet, dass in beiden Sprachen nur eine relativ geringe Kompetenz erreicht wird und negative Auswirkungen auf die kognitive und allgemein auf die gesamte kindliche Entwicklung zu befürchten sind. Wie die Forschungsbefunde, aber auch die Erfahrungen belegen, ist diese Art von Zweisprachigkeit hauptsächlich bei Migrantenkindern mit geringem sozialem Sprachprestige zu finden.

Was beeinflusst die Entwicklung zweisprachiger Kinder?

Ausgehend von der Fülle der Untersuchungs- bzw. der Studienergebnisse, welche die Bilingualismusforschung zum Einfluss der Zweisprachigkeit auf die kindliche Entwicklung erbringt, kann man heute behaupten, dass die Zweisprachigkeit keinen Risikofaktor für Kinder darstellt. Sicherlich hat die Theorie von Cummins einige Fragen des Einflusses der Zweisprachigkeit auf die Entwicklung des Kindes beantworten können. Sie stellt aber die Sprachkompetenz sehr in den Vordergrund und vernachlässigt dabei den Einfluss einer Reihe von Faktoren, wie z. B. die kulturellen oder emotionalen, die für die gesamte kindliche Entwicklung sehr entscheidend sind. Dabei handelt es sich um ein multifaktorielles Bedingungsgefüge, das für eine gelungene Zweisprachigkeit verantwortlich ist.

Alle diese Faktoren wirken sich auf die kindliche Entwicklung im Rahmen eines komplizierten, vernetzten Systems aus, das sich in drei große Untersysteme einteilen lässt (siehe Abb. 8):

– die emotionalen Bedingungen
– die sozio-kulturellen Bedingungen
– die sprachlichen Bedingungen

Es ist anzunehmen, dass sich diese Bedingungen gegenseitig ergänzen und Zusammenhänge sowohl zwischen den drei Untersystemen als auch unter den Faktoren jedes Untersystems bestehen. Dadurch entsteht eine eigenartige Dynamik, die bei jedem Erziehungsfall unterschiedlich sein kann. Es ist für Eltern, die ihre Kinder zweisprachig erziehen, wichtig, über den

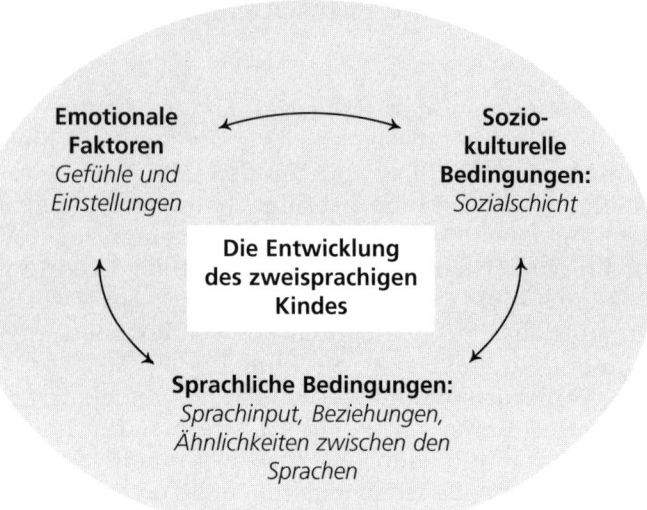

Abb. 8: Einflussfaktoren auf die Entwicklung des zweisprachigen Kindes

Einfluss dieser Faktoren Bescheid zu wissen, damit sie die Konstellation der einzelnen Faktoren steuern können.

◆ *Die sozio-kulturellen Bedingungen*

Die *soziale Schicht*, in der das Kind aufwächst, ist von besonderer Bedeutung. Dass der sozio-ökonomische Status der Familie einen enormen Einfluss auf die Entwicklung des Kindes ausübt, ist seit Jahrzehnten bekannt. Dies gilt insbesondere für zweisprachige Familien.

Die Kultur, die jede Sprache repräsentiert und die Beziehung, die zwischen den jeweiligen Kulturen besteht, ist für die Entwicklung des Kindes ebenfalls entscheidend. Es ist von Bedeutung, welche Akzeptanz jede Kultur von den „*native speakers*" der anderen Sprache erhält. Insbesondere ist es wichtig, welche Gefühle und Einstellungen die Sprecher der Mehrheitsgesellschaft der Kultur der jeweiligen anderen Sprache entgegenbringen. So können die Auswirkungen einer zweisprachigen Erziehung in Deutsch und Französisch in Deutschland sicherlich positiver ausfallen als die bilinguale Erziehung Deutsch-Arabisch oder Deutsch-Albanisch.

◆ *Die emotionalen Faktoren*

Die psychische Verfassung des zweisprachigen Kindes, seine Gefühle und Einstellungen gegenüber seiner Zweisprachigkeit sind ebenfalls von entscheidender Bedeutung.

Für seine sprachliche und emotionale Entwicklung ist es sehr entscheidend, ob es gegenüber seinen beiden Muttersprachen eine positive oder eine negative Einstellung hat. Es ist nicht verwunderlich, dass mit Sprachentwicklungsverzögerung und psychischen Problemen bzw. Verhaltensauffälligkeiten zu rechnen ist, wenn sich das zweisprachige Kind schämt, dass es selbst oder ein Elternteil eine der beiden Sprachen sprechen muss. Im Gegensatz dazu kann man nur eine positive und problemlose Entwicklung erwarten, wenn das zweisprachige Kind stolz ist und es als Vorteil empfindet, dass es beide Sprachen beherrscht. Es ist dann motiviert, die Sprachen zu hören und zu lernen. Dadurch kommt es vielmehr zum Sprechen und Üben, was seine Sprachentwicklung unterstützt. Zwei Beispiele sollen dies illustrieren:

> *Muta ist fast vier Jahre alt und besucht seit 8 Monaten einen deutschen Kindergarten in Heidelberg. Der Vater kommt aus Jordanien, seine Mutter ist Deutsche. Sein Vater spricht mit ihm bereits seit seiner Geburt ausschließlich Arabisch. Die Familiensprache ist aber Deutsch. Die Kindergärtnerinnen stellten von Anfang an fest, dass er nicht gerne spricht. Sie berichten, dass er meistens allein spiele und bei dem Gespräch im Morgenstuhlkreis mit Einwortsätzen antworte. Wenn man ihn darum bittet, arabisch zu sprechen, weigert er sich, auch nur ein einziges Wort in dieser Sprache zu sprechen. Sein Vater, der gut deutsch spricht, behauptet, dass er noch „scheu" sei. Im Gegensatz dazu sagt die Mutter, die kein Arabisch spricht, dass sie sich Sorgen macht, weil Muta keine der beiden Sprachen gut sprechen kann. Sie ist der Meinung, dass man Arabisch sowieso nicht bräuchte und ihr Mann aufhören sollte, das Kind mit dieser Sprache zu quälen.*

> *Alexander besucht die 6. Klasse eines neusprachlichen Gymnasiums in Augsburg. Sein Vater kommt aus Korea, seine Mutter aus Berlin. Alexander ist von Geburt an zweisprachig, Deutsch und Koreanisch, erzogen worden. Er spricht beide Sprachen perfekt und bereits im Kindergarten hat er bei seinen deutschen Freunden richtig angegeben, Koreanisch sprechen zu können. Auch im Gymnasium macht er mit seinen Mitschülern immer wieder Späße auf Koreanisch. Seine Schulleistungen sind gut und in diesem Schuljahr hat man bei ihm eine einseitige Begabung für die sprachlichen Fächer festgestellt.*

◆ *Die sprachlichen Bedingungen*

Zu einer normalen sprachlichen Entwicklung von zweisprachigen Kindern gehört zunächst die sprachliche Umwelt (Sprachinput), der das zweisprachige Kind täglich begegnet. Ein Kind lernt das Sprechen durch die Sprachanregungen seiner Umwelt. Die Aussprache, der Wortschatz aber auch die Struktur der Sprache werden von den sprachlichen Reizen geprägt, die es während der Sprachentwicklung von seiner Umwelt erhält. Dies gilt sowohl für die monolinguale als auch für die bilinguale Sprachentwicklung. Die Befunde von Untersuchungen und Längsschnittstudien (Einzelfallstudien) der Bilingualismusforschung belegen, dass der sprachliche Input bei der bilingualen Sprachentwicklung eine zusätzliche Rolle spielt: Er bestimmt, ob ein zweisprachig erzogenes Kind über eine *„dominante"* oder eine *„balancierte"* Zweisprachigkeit verfügt.

Wenn die Sprachanregungen in beiden Sprachen qualitativ und quantitativ gleich sind, kann das Kind eine *balancierte Zweisprachigkeit* entwickelt werden. Wenn in der Umwelt des Kindes die eine der beiden Sprachen viel stärker als die andere vertreten ist, wird eine *dominante Zweisprachigkeit* entstehen.

Katis Vater ist Engländer und ihre Mutter Deutsche. Die Familie lebt seit Katis Geburt in London und erzieht das Kind seit seiner Geburt zweisprachig. Inzwischen geht Kati in die 2. Klasse und spricht sehr gut Englisch. Deutsch spricht sie eigentlich nur mit ihrer Mutter und mit ihren deutschen Großeltern, wenn sie zu Besuch sind. Deshalb ist ihr Deutsch nicht sehr gut – ihre starke Sprache ist eindeutig Englisch. Trotzdem versucht die Mutter, so viel wie möglich mit

> *ihr Deutsch zu sprechen und besorgt immer wieder deutsche Videokassetten mit Kinderfilmen oder CDs mit deutschen Kinderliedern.*

Es wurde bereits erwähnt, dass während der Sprachentwicklung eines Kindes nicht zwingend immer die gleiche Sprache „schwach" oder „stark" bleibt. Wenn sich die sprachliche Umgebung des Kindes aus verschieden Gründen ändert, wechselt automatisch auch die Rolle und der Einfluss der beiden Sprachen auf die Sprachentwicklung. Viele Einzelfallstudien der Bilingualismusforschung belegen diesen Wechsel der starken und schwachen Sprache bei der zweisprachigen Erziehung.

> *Am bekanntesten ist das Beispiel von Hildegard. Ihr Vater, Werner Leopold, ein deutschstämmiger Linguist, beschreibt und analysiert die Sprachentwicklung seiner Tochter. Hildegard wurde zweisprachig, Englisch und Deutsch, erzogen. Die Umgebungssprache war stets Englisch, deshalb wurde Englisch ihre starke Sprache. Im Alter von fünf Jahren war Hildegard für 7 Monate bei ihren Großeltern in Deutschland. Während dieser Zeit fand eine rasche Verbesserung ihrer deutschen Sprachkenntnisse statt. Dies hatte zur Folge, dass, solange sich Hildegard in Deutschland aufhielt, nicht mehr die englische Sprache, sondern die deutsche ihre starke Sprache wurde. Sobald Hildegard aber in ihre englischsprachige Umgebung zurückkam, dominierte wieder das Englische.*

Zu den sprachlichen Bedingungen, welche die Entwicklung zweisprachiger Kinder beeinflussen, gehört auch *die linguistische Beziehungen zwischen den beiden Sprachen.*

Den kindlichen zweisprachigen Spracherwerb – und damit auch die Entwicklung des zweisprachigen Kindes – beeinflusst auch die Tatsache, ob die beiden Sprachen viele Ähnlichkeiten oder Unterschiede in ihrer Struktur aufweisen. In den verschiedenen Einzelfallstudien liest man, dass, wenn die beiden Sprachen aus der gleichen Sprachfamilie stammen, das zweisprachige Kind die beiden Sprachen einfacher erwirbt. Wir haben bereits in Kapitel 2 „Die Sprachentwicklung bei Zweisprachigkeit" gesehen, dass die Laute, die in beiden Sprachen vorhanden sind, am schnellsten und in der Regel ohne Schwierigkeiten erworben werden. Im Gegensatz dazu bereitet der Erwerb von unterschiedlichen Lauten dem zweisprachigen Kind Schwierigkeiten und deshalb werden sie erst am Ende der Sprachentwicklung erworben. Dasselbe gilt auch für den Erwerb der grammatischen bzw. der syntaktischen oder morphologischen Strukturen.

Zusammenfassung

Mehrsprachige Kinder entwickeln sich ähnlich wie einsprachige. Dass sie mit zwei, drei oder mehreren Sprachen aufwachsen, ist sicherlich nicht allein der Grund für eventuelle Entwicklungsstörungen. Diese Kinder können genauso wie andere intelligent, hochbegabt oder geistig behindert sein. Sie können ein ganz normales Verhalten haben, hyperaktiv sein oder aggressives Verhalten zeigen. Manche von ihnen sind sehr gute Schüler, andere hingegen haben große Leistungsschwierigkeiten. Ob das mehrsprachige Kind Probleme und Störungen in seiner Entwicklung aufweist, hängt, wie gezeigt, von einem komplexen Bedingungsgefüge ab. Sehr wichtig sind hierbei die Gefühle der Kinder und die Einstellung ihres Umfeldes zu seinen Sprachen sowie intensive sprachliche Anregungen.

5 Tipps für den zweisprachigen Alltag mit Kindern

Es hängt, wie gesagt, von einem Bündel von Faktoren ab, ob überhaupt, aber auch wie gut und wie schnell ein Kind die Sprache bzw. die Sprachen seiner Umgebung erwerben kann. Unter diesen Faktoren spielt das sprachliche Umfeld des Kindes eine zentrale Rolle. Mit dem Begriff Umfeld sind alle Personen gemeint, die häufig mit dem Kleinkind zusammen sind, wie die Eltern, die Geschwister bzw. die Verwandten, die Freunde und die Erzieherinnen oder Erzieher im Kindergarten. Ihr Verhalten dem Kind gegenüber beeinflusst direkt die Prozesse seines Spracherwerbs. Deshalb ist es wichtig für sie zu wissen, wie sie dem Kind helfen können, damit es am besten eine oder mehrere Sprachen lernen kann. Auf diese Weise können manche ‚Stolpersteine' im Spracherwerb vermieden und Verhaltensweisen, die die Erwerbsprozesse unterstützen und fördern, können so bewusst angewendet werden.

Anhand einer Reihe von ‚Prinzipien' möchte ich Sie im Folgenden mit konkreten Tipps bei der Erziehung ihres zwei- oder mehrsprachigen Kindes unterstützen. Auch wenn Schwierigkeiten auftauchen, möchte ich Ihnen Mut machen, nicht aufzugeben, sondern konsequent weiterzumachen. Vielleicht werden Sie sich beim Lesen dieser ‚Prinzipien' in dem einen oder anderen Entschluss bestätigt fühlen.

Dieser Abschnitt baut mehr als alle anderen Teile dieses Buches auf meinen eigenen Erfahrungen auf, die ich in den letzten zwanzig Jahren gesammelt habe

– sowohl als Mutter einer zweisprachigen Tochter als auch als Lehrerin und Sprachtherapeutin zweisprachiger Kinder.

Was kann ich tun, was soll ich vermeiden? Fünf Prinzipien für den Alltag

◆ *1. Prinzip: Sprechen Sie mit Ihrem Kind so viel wie möglich*

Wann kann ein Mensch eigentlich eine, zwei oder drei Sprachen erwerben? Die Antwort ist ganz einfach: Wenn er mit dieser Sprache bzw. diesen Sprachen in Kontakt kommt. Nur wenn man diese Sprache bzw. Sprachen hört, kann man diese auch erwerben. Anders ausgedrückt: Es gibt keinen Output ohne Input. Dies gilt bei jeder Art von Spracherwerb, gleichgültig, ob es sich dabei um den Erst- oder den Zweitspracherwerb handelt, ob man eine, zwei oder drei Sprachen gleichzeitig erwirbt. Die sprachlichen Anregungen aus dem Umfeld des Kindes sind bedeutende Einflussfaktoren während des Spracherwerbs. Deswegen: Reden Sie mit Ihrem Kind. Drei Gesichtspunkte sollten dabei beachtet werden:

a. Die Gefühle, die Sie bei jedem Gespräch bewusst oder auch unbewusst Ihrem Kind vermitteln, beeinflussen entscheidend die Sprachentwicklung. In Bildern gesprochen, könnten wir sagen, dass die Gefühle die Luft bilden, die eine Pflanze braucht, damit sie wachsen kann. Wie die Luft für das Wachsen der Pflanze notwendig ist, genauso notwendig ist es, dem Kind das Gefühl zu vermitteln, dass Sie Freude daran haben, mit ihm zusammen zu sein, dass Sie sich gerne Zeit für Gespräche mit ihm nehmen und sich für das, was es erzählt, interessieren. Hierzu gehört auch, dass Sie bei jedem Gespräch versuchen sollten, eine angenehme Situation zu schaffen, in der sowohl Ihr Kind als auch Sie sich wohl fühlen. Dadurch erhält das Kind das Gefühl, dass es für Sie wertvoll ist. Das weckt und fördert bei ihm die Sprechfreude und das Mitteilungsbedürfnis.

Der Wille und das Bedürfnis zum Sprechen sowie die Sprechfreude der Kinder bilden für jede Sprachentwicklung die wichtigsten Rahmenbedingungen, denn, wenn ein Kind das Sprechen vermeidet, kann es in der Sprachentwicklung sicherlich nicht weiterkommen. Warum? Ganz einfach: Aus der Psycholinguistik weiß man, dass das Kind während seiner Sprachentwicklung kein passiver Zuhörer, sondern ein aktiver Konstrukteur ist. Dies bedeutet, dass es das, was es hört, mittels seiner erblichen Sprachmechanismen, mit denen jeder Mensch ausgestattet ist, bearbeitet. Auf der Basis dieser Bearbeitung formuliert es dann selber seine eigenen Sprachäußerungen. Durch die Reaktion der Umwelt auf seine sprachlichen Äußerungen stellt es fest, ob sie richtig oder falsch sind, und formuliert die nächsten Äußerungen so, dass sie sich noch stärker denen seiner Umwelt annähern. Auf diese Art und Weise erwirbt das Kind allmählich die Sprache bzw. die Sprachen aus seinem Umfeld. Wenn es sich aber weigert zu sprechen, sich nicht traut, Sätze zu bilden, dann fällt eine ganz wichtige Bedingung der Sprachentwicklung weg: die des selber Ausprobierens. Verschiedene Sprachentwicklungsstörungen können die Folge sein.

b. Die Menge der sprachlichen Anregungen, die das Kind von seinem Umfeld täglich erhält, beeinflusst insbesondere den Rhythmus seines Spracherwerbs. Deshalb sollten Sie mit dem Kind sprechen, egal was Sie dabei tun – ob Sie kochen, aufräumen, waschen oder Ihr Kind baden, es anziehen, füttern oder mit ihm Einkaufen gehen: Reden Sie mit ihm. Es ist wichtig für Ihr Kind, dass es so viel sprachliche Anregungen bekommt wie möglich. Sicherlich gibt es Situationen, in denen man keine Lust und keine Geduld hat zu sprechen. Man ist müde, will schnell etwas erledigen oder ist tief in Gedanken versunken. Doch für den Spracherwerb Ihres Kindes ist es von großer Bedeutung, diese Sprache sehr häufig zu hören. Indem Sie mit Ihrem Kind in jeder Alltagssituation sprechen, erfährt es zudem den adäquaten Wortschatz für die verschiedenen Situationen.

c. Ihre Sprechweise wird schließlich auch die Sprachqualität Ihres Kindes beeinflussen. Es ist wichtig, dass Sie langsam und deutlich sprechen. Sie sollten versuchen, dabei Blickkontakt mit ihm zu haben. Ermutigen Sie Ihr Kind, sie anzuschauen, während Sie sprechen. Dadurch kann es die Bewegungen Ihrer Sprechorgane, der Lippen, der Zunge etc., beobachten und beim Sprechen nachahmen.

Während Sie mit Ihrem Kind sprechen, vermeiden Sie die ‚Babysprache', auch wenn sie manchmal so niedlich klingt. Damit meine ich auch die Vermeidung von Diminutiven *(Löffelchen, Kindlein)* und natürlich das Vermeiden von Ausdrücken wie „*Heia gehen*" für ins Bett gehen, „*Wau, Wau*" für den Hund etc. Babysprache fördert den Spracherwerb von Kindern in keinster Weise, und glauben Sie bloß nicht, dass Ihr Kind Sie dadurch besser versteht. Darüber hinaus liefern Sie Ihrem Kind Sprachmuster, die in der Erwachsenensprache, welche die Zielsprache des Spracherwerbs ist, nicht existieren. Wie soll es richtig sprechen lernen, wenn es von seinen Eltern nicht die ‚richtige' Sprache hört?

Andererseits heißt das aber nicht, dass man sehr komplizierte Sätze bilden sollte. Passen Sie die Struktur und Komplexität Ihrer Sätze dem Alter des Kindes an. Dadurch kann es sie besser verstehen und leichter nachahmen. *Und vergessen Sie nicht: Sie sind für Ihr Kind während seiner Sprachentwicklung ein Vorbild.*

◆ *2. Prinzip: Sprechen Sie mit Ihrem Kind nur in Ihrer Muttersprache, nach dem Motto: „Eine Person – eine Sprache"*

Ein uraltes Prinzip, welches bereits am Anfang des letzten Jahrhunderts bekannt war, stammt vom französischen Linguisten Grammont. Der riet seinen Freund Ronjat, der seinen Sohn Louis zweisprachig (Deutsch-Französisch) erziehen wollte, dabei darauf zu achten, dass jeder Elternteil mit dem Kind ausschließlich seine eigene Muttersprache sprechen sollte. So könnte das Kind jede Sprache mit einer Person oder mit einer Situation verbinden und auch die beiden Sprachsysteme unterscheiden. Dies würde es ihm ermöglichen, die beiden unterschiedlichen Lexika und Regelsysteme der beiden Sprachen zu differenzieren und sie auf diese Art und Weise am besten getrennt zu erwerben.

Nach diesem Erziehungsprinzip wurde nicht nur Louis erzogen, sondern eine Reihe von zweisprachigen Kindern. Wie wir aus Einzelfallstudien erfahren, hat sich dies in den meisten Fällen als sehr günstig für die Entwicklung beider Sprachen erwiesen (Kielhöfer/Jonekeit 2002, Volterra/Taeschner 1978, Saunders 1982). Aber auch empirische Untersuchungsbefunde der letzten Jahre weisen auf die Bedeutung einer konsequenten Trennung der Sprachen für den Erwerb beider Sprachen hin (Leist 2003, 152).

Welche Sprache soll bei einer zweisprachigen Erziehung die Familiensprache sein?
Es stellt sich natürlich bei der zweisprachigen Erziehung die Frage, wenn jeder Elternteil zu dem Kind in seiner Muttersprache spricht, welche Sprache sie untereinander sprechen sollten. Außerdem muss abgesprochen werden, welche Sprache gesprochen werden soll, wenn die ganze Familie zusammen ist. Die Sprache, welche die Eltern untereinander sprechen, wird in den meisten Fällen auch die Sprache der Familie.

Beide Fragen sind einfach zu beantworten, wenn der eine Elternteil die Sprache des anderen nicht oder nur unzureichend spricht. Dann ist die Familiensprache die Sprache, die von beiden Elternteilen beherrscht wird. In den meisten Fällen ist diese Sprache auch die Sprache der Umgebung. Diese Sprache wird mit der Zeit die Stellung der starken Sprache des Kindes einnehmen.

Es gibt aber auch Fälle, in denen beide Eltern beide Sprachen kennen. Hier ist es für die Entwicklung beider Sprachen des Kindes günstig, wenn die Eltern sich entscheiden, diejenige Sprache als Familiensprache zu wählen, die in der Umgebung *nicht* gesprochen wird. Dadurch werden Sie Ihrem Kind die Möglichkeit geben, in dieser Sprache kontinuierlich viele sprachliche Anregungen zu erhalten. Dies führt dazu, dass auch diese Sprache mit einem ähnlichen Tempo wie die Sprache der Umgebung entwickelt werden kann und das Kind eine balancierte Zweisprachigkeit erwirbt. Es wurde in empirischen Untersuchungen festgestellt, dass es ein wichtiger Faktor für den Erwerb beider

Sprachen ist, wenn die nicht Umgebungssprache auch Familiensprache ist (Leist 2003).

Was, wenn beide Eltern verschiedene Sprachen sprechen, die nicht die Sprache der Umgebung sind?
In den letzten Jahren häufen sich die Fälle der dreisprachigen Erziehung. Hier ist die Umgebungssprache eine andere Sprache als diejenige der Mutter und die des Vaters.

> *Tonis Vater ist Italiener und seine Mutter Französin. Die Familie lebt seit Tonis Geburt in München. Welche Sprache sollte bei ihnen Familiensprache sein?*
>
> *Dies hängt natürlich davon ab, welche Sprache beide Eltern am besten beherrschen. Die Sprache, die beide sprechen, sollte dann auch Familiensprache sein.*
>
> *Tonis Familiensprache ist Französisch, weil beide Eltern Französisch sprechen. Dies ist für die Entwicklung der französischen Sprache bei Toni sehr günstig. Er ist jetzt 6 Jahre alt und besucht (noch) einen deutschen Kindergarten, deswegen sind Französisch und Deutsch seine beiden starken Sprachen, Italienisch hingegen die schwache.*

Wenn sich beide Eltern miteinander nur in der Umgebungssprache verständigen können, dann wird diese Sprache auch Familiensprache werden. Dies ist für die Entwicklung der anderen beiden Sprachen des Kindes ungünstig, da es so von diesen Sprachen nicht genügend Sprachanregungen bekommen wird.

> *Marias Vater kommt aus Spanien, ihre Mutter aus der Tschechei; die Familie lebt in Deutschland. Der Vater kennt kaum ein tschechisches Wort und die Mutter kann kaum ein Wort Spanisch. Jeder von ihnen*

- *spricht mit Maria in seiner Muttersprache. Zu Hause sprechen sie miteinander Deutsch. Maria ist jetzt sieben Jahre alt und besucht eine deutsche Regelschule. Am besten kann sie Deutsch, obwohl auch hier immer wieder gewisse Schwierigkeiten auftauchen. Tschechisch kann sie sich zwar ausdrücken, aber sie verfügt über einen begrenzten Wortschatz. Spanisch kann Maria ebenfalls nicht sehr gut. Sie versteht manche Ausdrücke, aber sie kann keine richtigen Sätze bilden.*

Was kann man tun, wenn das Kind nur in der einen Sprache spricht?
- *„Komm, Mama, setz' dich her", sagte das vierjährige Mädchen zu ihre Mutter und deutet auf einen Sitzplatz neben ihr im U-Bahnwagon. „I don't want to sit down, Martha", antwortete die Mutter und bleibt weiter stehen. „Warum nicht? Du bist doch auch müde!" erwiderte das Mädchen. „I told you. I don't want to sit down". In den kommenden 15 Minuten unterhalten sich Mutter und Tochter weiter zweisprachig. Das Mädchen spricht dabei die ganze Zeit Deutsch und ihre Mutter Englisch.*

Es gibt Fälle in der zweisprachigen Erziehung, in denen das Kind nur in der einen Sprache, die meistens die Umgebungssprache ist, mit beiden Eltern kommuniziert. Obwohl der eine Elternteil mit ihm in seiner Muttersprache spricht und es deutlich ist, dass das Kind diese Sprache auch versteht, äußert es sich fast konsequent nicht in dieser Sprache. Diese Vorliebe für die eine Sprache kann für kurze genauso wie für längere Zeit auftreten.

Diese sprachliche Verweigerung des Kindes kommt in der Regel vor (wie in Untersuchungen festgestellt wurde), wenn ein Elternteil (meistens der Vater) kaum Kenntnisse in der Sprache hat, die nicht Umgebungssprache ist. (Leist 2003, 140). Dass sich das Kind nur in der einen Sprache äußert, liegt in der Regel nicht daran, dass es die andere Sprache nicht mag. Der Spracherwerb in der nicht gesprochenen Sprache verläuft aber offenbar nicht altersgemäß, weil die sprachlichen Anregungen aus dem Umfeld nicht genügend sind. Das Kind hat somit Schwierigkeiten, in dieser Sprache zu sprechen. Sein aktiver Wortschatz ist sehr begrenzt, und es fällt ihm schwer, Sätze zu bilden. Es ist deshalb für das Kind anstrengend, sich in dieser Sprache zu äußern. Darüber hinaus weiß es, dass es von seiner Umgebung verstanden wird, wenn es nur in der einen Sprache spricht.

Wenn Ihr Kind plötzlich aufhört, sich mit Ihnen in Ihrer Sprache zu unterhalten, ist es wichtig, nicht aufzuhören, weiter mit ihm in dieser Sprache zu sprechen. Seien Sie nicht traurig und *geben Sie auf keinen Fall auf.* Bleiben Sie hartnäckig, und lassen Sie sich von ihm nicht beeinflussen, während des Gesprächs in die andere Sprache zu wechseln. Vergessen Sie ebenfalls nicht: Sie sollten dafür sorgen, dass Ihr Kind ein regelmäßiges Sprachangebot in Ihrer Sprache erhält. Nur auf diese Weise können Sie ihm helfen, beide Sprachen gut zu lernen.

Welche Sprache sollten Eltern mit Ihrem Kind sprechen, wenn sie beide die gleiche Sprache beherrschen, aber in der Umgebung eine andere Sprache gesprochen wird?

Das Prinzip „eine Person – eine Sprache" gilt für jede Art von zwei- oder mehrsprachiger Erziehung. Auch für die Fälle, in denen zu Hause eine andere Sprache gesprochen wird als in der Umgebung. Dabei ist es wichtig, dass im Umfeld der Familie nur die Sprache beider Eltern konsequent gesprochen wird. Auf keinen Fall darf einmal die eine und einmal die andere Sprache oder eine Mischsprache gesprochen werden. Dies hilft dem Kind überhaupt nicht.

Manchmal empfehlen Erzieherinnen, Ärzte oder Lehrer den Eltern, insbesondere Migranten, zu Hause häufig die Sprache der Umgebung zu sprechen. Sie meinen, dass die Kinder dadurch viele sprachliche Anregungen in dieser Sprache erhalten und die Sprachen so am schnellsten erwerben können. Dies ist aber eine Täuschung und wird zu einem großen Stolperstein sowohl in der Sprachentwicklung als auch in der emotionalen und kognitiven Entwicklung der Kinder. Auch wenn ein Elternteil glaubt, dass er die Sprache der Umgebung einigermaßen gut beherrscht, sollte er mit seinem Kind nur in seiner Muttersprache kommunizieren. Dies hat zwei Gründe:

a. Erstens sollte das Kind – insbesondere das Migrantenkind – so viel Sprachanregungen in seiner Erstsprache erhalten wie möglich, damit es sie gut und schnell erwerben kann. Die Entwicklung des Erstspracherwerbs darf nicht unterbrochen werden, weil sie für die Gesamtentwicklung der Migrantenkinder sehr wichtig ist. Aufgrund der Abhängigkeit, die bei der Sprachentwicklung zwischen den Sprachen besteht, beeinflusst die Erstsprache auch direkt den Zweitspracherwerb. Wie gut und wie schnell ein Migrantenkind eine Zweitsprache erwirbt, hängt davon ab, wie gut es die Erstsprache kann.

b. Zweitens ist es für den Spracherwerb überhaupt günstig, wenn die Sprachanregungen, die das Kind erhält, von Personen stammen, die diese Sprache als Muttersprache beherrschen. Nur dann sind die

Sprachanregungen auch richtig – sowohl phonologisch als auch grammatisch – und beinhalten in der Regel keine Sprachmischungen. Darüber hinaus können spezielle Elemente dieser Sprache, wie z. B. typische Gefühle, Temperament oder Gestik, nur auf diese Art und Weise dem zweisprachigen Kind übermittelt werden.

◆ 3. Prinzip: Vermeiden Sie jede Art von Sprachmischungen

Wir haben über das Auftreten von Sprachmischungen bei zweisprachigen Personen bereits gesprochen. Während der zweisprachigen Sprachentwicklung bilden Kleinkinder häufig Sätze, deren Wörter und Strukturen aus beiden Sprachen stammen. Diese Erscheinungen sind normal für den zweisprachigen Spracherwerb und bilden keinen Grund zur Beunruhigung. Sie verschwinden mit der Zeit, sobald das Kind in der Sprachentwicklung weiter gekommen und sicher geworden ist.

Sie können Ihrem Kind helfen, die Sprachen korrekt zu erwerben, wenn Sie selber keine Sprachmischungen verwenden. Sprachmischungen stellen falsche sprachliche Anregungen dar und können bei der Differenzierung zwischen den Sprachen zu Verwirrungen führen. Das Kind kann dann nicht unterscheiden, was zur ‚Vater'- und was zur ‚Muttersprache' gehört. Dadurch besteht die Gefahr, dass das Kind eine gemischte Zweisprachigkeit erwirbt. In manchen Fällen führt dies dann zu einer Form der doppelten Halbsprachigkeit.

◆ *4. Prinzip: Sorgen Sie dafür, dass beide Sprachen dem Kind mit möglichst gleicher Zuwendung, aber auch Gründlichkeit nahe gebracht werden*

In den meisten Fällen von zweisprachiger Erziehung dominiert, wie gesagt, eine Sprache im sprachlichen Umfeld des Kindes. Sie wird nicht nur von einem Elternteil zu Hause gesprochen, sondern sie ist auch die Sprache, welche die Eltern untereinander verwenden (Familiensprache) und zudem von den meisten Verwandten, Freunden und Nachbarn (Umgebungssprache) gesprochen wird. Deshalb erhält das Kind in dieser Sprache ständig vielfältige Sprachanregungen. Im Gegensatz dazu wird die andere Sprache ‚unterdrückt'. Sie wird nur von einem Elternteil und vielleicht von ein paar wenigen Menschen aus dem Umfeld gesprochen. Die erste Sprache wird somit schnell und meistens ohne größere Probleme erworben, die zweite Sprache entwickelt sich hingegen langsam und häufig mit großen Verzögerungen. Manchmal, wenn das Kind wenig Kontakt zu Menschen hat, die die schwache Sprache sprechen, entwickelt sie sich eine Zeit lang überhaupt nicht weiter. Dann besteht die Gefahr, dass sie auch später nicht richtig beherrscht wird.

Damit diese Situation nicht eintritt, sollten Sie als Elternteil, der diese Sprache spricht, dafür sorgen, dem Kind während der Sprachentwicklung genügend sprachliche Anregungen in dieser Sprache zu bieten. Wie? Indem Sie Ihrem Kind verschiedene Gelegenheiten anbieten, in denen die schwache Sprache Umgebungssprache wird. Dies können Sie folgendermaßen erreichen:

a. **Reisen** Sie in das Land, in dem die schwache Sprache gesprochen wird. Dabei sollten Sie darauf achten, dass

Sie nicht mit Freunden zusammen reisen, welche die starke Sprache sprechen. Für die Entwicklung der schwachen Sprache ist es wichtig, dass Ihr Kind sehr viel Zeit mit muttersprachlichen Sprechern („native speakers") der schwachen Sprache zusammen verbringt. Dadurch erhält es erstens die nötigen Sprachanregungen, die ihm helfen, diese Sprache weiter zu entwickeln. Zweitens entsteht die Gelegenheit, in dieser Sprache seine Gedanken und Wünsche zu äußern. Dies ist für das Fortschreiten in seiner Sprachentwicklung unabdingbar.

Sie werden die Erfahrung machen, dass Ihr Kind innerhalb einer Woche den Sprachcode, den es bislang in seiner Kommunikation mit Ihnen anwendete, wechselt. Es fängt an, mit Ihnen hauptsächlich in seiner schwachen Sprache, jetzt Umgebungssprache, zu sprechen. Sie werden merken, dass es selber Freude hat, diese Sprache zu sprechen.

b. Feiern Sie organisierte **Feste und treffen** Sie sich mit Menschen, die diese Sprache als Erstsprache beherrschen. Bestimmt gibt es in der Stadt oder in der Umgebung, in der Sie wohnen, eine Gemeinde Ihrer Landsleute. Versuchen Sie Kontakt zu ihnen aufzunehmen. Nehmen Sie sich Zeit und fahren Sie mit Ihrem Kind hin, wenn dort Feste gefeiert oder Treffen und Konzerte organisiert werden. Es ist auch für Sie, aber vor allem für Ihr Kind wichtig, an solchen Veranstaltungen gemeinsam mit Ihnen teilzunehmen. Dadurch erreichen Sie nicht nur, dass das Kind reichliche Sprachanregungen in Ihrer Sprache erhält. Gleichzeitig werden ihm bei solchen Treffen vielfältige Möglichkeiten geboten, sich in Ihrer Sprache zu äußern und dabei seine erworbenen Kenntnisse anzuwenden. Auf diese Weise wird das Kind merken, wo seine

Schwachstellen sind, und lernt gleichzeitig, wie man es richtig macht. Außerdem kann es dadurch verschiedene sozio-kulturelle und emotionale Elemente, die zu Ihrer Sprache gehören, kennen lernen, indem es zuhört, wie die Menschen dort miteinander sprechen oder miteinander umgehen, wie sie feiern, singen, musizieren, tanzen und wie sie ihre Gefühle äußern. Wir wissen, dass diese Elemente mit der Sprache eng verbunden sind. Hinzu kommt, dass das Kind durch diese Besuche zu den speziellen Elementen Ihrer Kultur und Ihrer Sprache eine positive Einstellung gewinnen kann, was schließlich dazu beitragen kann, dass es sich gegenüber Ihrer Kultur und Ihrer Sprache öffnet, sich langsam als Teil dieser Kultur fühlt. Dadurch entwickelt sich auf jeden Fall eine positive Motivation, diese Sprache zu lernen.

Bereits als meine Tochter zwei Jahre alt war, zeigte sie eine Vorliebe für griechische Musik und griechischen Tanz. Sie tanzte ganz glücklich mit mir zu Hause oder bei verschiedenen griechischen Festen im Rhythmus des Syrtaki, ohne dass sie die Schritte genau kannte. Als sie fast 4 Jahre alt war, schrieb ich sie in eine Tanzgruppe der griechischen Gemeinde ein, in der sie, zusammen mit anderen Kindern, verschiedene griechische Tänze lernte. Sie ging einmal pro Woche für je zwei Stunden dorthin. Es war für sie jedes Mal etwas ganz Besonderes, und sie hatte großen Spaß dabei. Für den Erwerb ihrer griechischen Sprache war es wichtig, dass sie in diesen zwei Stunden Griechisch hören und sprechen konnte und eine positive Beziehung zu griechischer Musik, zum griechischen Tanz und natürlich zu Griechenland und den Griechen aufbauen konnte. Durch die griechische Musik fand sie Kontakt zu meinen Landsleuten und fühlte sich mit der Zeit als eine

> von ihnen. Dies bedeutete, dass sie auch die griechische Sprache sprechen wollte. Als sie fünf Jahre alt war, sagte sie mit einem großen Selbstbewusstsein zu Menschen, die sie neu kennen lernte: „Ich bin nicht nur eine Deutsche, sondern auch eine Griechin".

c. Sie können Kinder auch durch **Kinderfeste** oder **Spielgruppen** motivieren, die Sie zusammen mit anderen Müttern oder Vätern aus Ihrem Land organisieren und bei denen nur Kinder eingeladen werden, die Ihre Sprache sprechen. Dabei sollten Sie darauf achten, dass die Kinder tatsächlich die Zielsprache untereinander sprechen.

> *Als meine Tochter etwa zwei Jahre alt war, rief ich zusammen mit anderen Müttern aus Griechenland eine Spielgruppe ins Leben, die sich jeden zweiten Freitag traf. Es waren meistens 6–8 Kinder, die für vier Stunden miteinander spielten. Das war nicht nur für die Kinder schön, sondern auch für uns. Das Problem, welches immer wieder auftauchte, war aber, dass die Kinder sehr schnell kein Griechisch mehr miteinander sprachen, sondern Deutsch. Dieser Sprachwechsel von der schwachen zur starken Sprache verlief unbewusst für sie. Wir mussten uns deswegen etwas Kreatives einfallen lassen, damit sie miteinander Griechisch sprachen. So sangen wir mit den Kindern ein griechisches Lied, bei dem sie etwas spielen mussten, oder wir erzählten und lasen ihnen griechische Märchen vor, um anschließend über den Inhalt des Märchens auf Griechisch zu sprechen. Die Spielregel, die wir einhalten wollten, war: „Wir sprechen Griechisch".*

Es gibt natürlich auch eine Reihe von anderen Möglichkeiten, Ihrem Kind bei seiner zweisprachigen

Sprachentwicklung zu helfen, beide Sprachen zu erwerben. Wie beim monolingualen Spracherwerb, so ist auch beim bilingualen zu empfehlen:

d. Sehen Sie gemeinsam mit dem Kind Bilderbücher an. In den ersten zwei Jahren sollten Sie Bilderbücher wählen, die einfach strukturiert sind und anhand von großen und klaren Bildern die Begriffsbildung fördern. Benennen Sie immer wieder Dinge oder Tätigkeiten, die die Personen auf den Bildern ausführen. Fordern Sie gleichzeitig Ihr Kind auf, Ihnen den einen oder anderen Gegenstand zu zeigen. Fragen Sie z. B.: „Wo ist die Zahnbürste?", oder „Wo spielen die Kinder Fußball?" Verlangen Sie aber von Ihrem Kind erst nach einiger Zeit, selbst aktiv zu werden und die Sachen bzw. Tätigkeiten zu benennen. Dies wird ganz von alleine kommen, wenn das Kind in seiner Entwicklung soweit ist. Zuerst braucht es von Ihnen die sprachlichen Anregungen; erst später wird es das Verlangen haben, seine passiven Kenntnisse auszuprobieren. Wenn es bei der Benennung Begriffe aus seiner anderen Sprache verwendet, ist das kein Grund zur Sorge. Wir haben gesehen, dass die Differenzierung zwischen den beiden Sprachen in den ersten zwei Jahren noch nicht abgeschlossen ist. Benennen Sie den Gegenstand noch einmal richtig. Zwingen Sie aber das Kind nicht, dies gleich zu wiederholen.

Wichtig ist, dass Ihr Partner oder Ihre Partnerin die gleichen Bilderbücher mit dem Kind anschaut und bespricht. Dadurch soll erreicht werden, dass der Wortschatz in beiden Sprachen gleichzeitig gefördert und aufgebaut wird. Allerdings ist am Anfang der Sprachentwicklung zu empfehlen, dass sich nicht die ganze Familie gleichzeitig ein Bilderbuch zusammen anschaut. Für die Begriffsbildung des Kindes ist es wichtig, dass beide Begriffe getrennt, doch parallel angeboten werden. Später kann man verschiede Wortschatzspiele zu dritt spielen.

e. Lesen Sie Ihrem Kind Märchen und Geschichten vor. Auch hier gilt: Wählen Sie Kinderbücher, deren Struktur und Illustrationen einfach und klar sind. Empfehlenswert sind Bilderbücher, die auf jeder Seite den Text der Geschichte in zwei Sprachen enthalten (eine Liste solcher Bilderbücher finden Sie im Anhang). Diese Vorgehensweise ist zu empfehlen, weil jeder Elternteil dieselbe Geschichte in seiner Sprache dem Kind vorlesen kann, wodurch der Wortschatz in beiden Sprachen gleichermaßen gefördert wird. Ich rate aber davon ab, die Geschichte gleichzeitig in beiden Sprachen vorzulesen. Tun Sie es im zeitlichen Abstand von mehreren Stunden.

Dass in einem Buch beide Sprachen zu lesen sind, wird außerdem von Kindern unbewusst dahingehend interpretiert, dass sie beide gleich wertvoll sind – und dieses beeinflusst positiv ihre Einstellung zu beiden Sprachen.

f. Lassen Sie Ihr Kind Lieder hören oder singen Sie gemeinsam Lieder. Besorgen Sie CDs oder Kassetten mit Kinderliedern in Ihrer Sprache für verschiedene Gelegenheiten, wie z. B. über verschiedene Jahreszeiten, zum Weihnachtsfest, zu Ostern oder über die Faschingszeit. Ihr Kind kann die Lieder zu Hause beim Spielen oder auch beim Autofahren hören. In der Regel bereitet es ihm größeren Spaß, wenn Sie mit ihm gemeinsam singen.

g. Lassen Sie Ihr Kind Kinderfilme auf Video oder im Fernsehen sehen. Zwei Gesichtspunkte sind hierbei zu beachten: Sie sollten vorher die Eignung der Filme überprüfen. Außerdem sollte Ihr Kind nicht länger als eine bis eineinhalb Stunden insgesamt pro Tag vor dem Fernseher sitzen. Am schönsten ist es für Ihr Kind, wenn Sie sich die Zeit nehmen und zusammen mit ihm den Film anschauen. Dadurch erlebt es Geborgenheit und Sicherheit und verbindet Ihre Sprache mit diesen positiven Gefühlen. Anschließend können Sie sich über den Film unterhalten. Dabei kann das Kind seine Gedanken und seine Gefühle zum Gesehenen äußern (z. B. was ihm am meisten im Film gefallen oder überhaupt nicht gefallen hat). Dies fördert nicht nur seine Sprach-, sondern auch seine Denk- und emotionale Entwicklung.

◆ 5. Prinzip: Vermitteln Sie Ihrem Kind eine positive Einstellung zu seiner Zweisprachigkeit

Es ist wichtig, dass Ihr Kind seine Zweisprachigkeit positiv empfindet, in dem Sinne, dass es merkt, es kann etwas, was die anderen nicht können; es hat ihnen etwas voraus.

Wir haben bereits gesehen, dass Gefühle, die das zweisprachige Kind zu seinen beiden Sprachen hat, nicht nur den Spracherwerb, sondern auch seine emotionale Entwicklung beeinflussen. Wenn das Kind es als vorteilhaft und auch als „toll" empfindet, von seiner Umgebung bewundert zu werden, weil es zwei Sprachen sprechen kann, wird es sich auch besser mit den zwei Kulturen, die seine beiden Sprachen repräsentieren, auseinandersetzen können. Es wird damit psychisch nicht belastet und entwickelt Strategien, wie es die unterschiedlichen Elemente der beiden Kulturen am besten in sein Denken integrieren kann. Dadurch wird es sich in beiden Kulturen zurecht finden, langsam sein eigenes Selbstbild entwickeln und seine eigene Identität aufbauen.

Das alles kann aber nicht erreicht werden, wenn sich Ihr zweisprachiges Kind für eine seiner beiden Sprachen schämt. Solche negativen Gefühle können zu einer Sprachverweigerung und mit Sicherheit auch zu psychischen Belastungen führen. Das Kind wird dann versuchen, diese Sprache vor anderen Kindern oder auch vor Erwachsenen nicht mehr zu sprechen. Dies blockiert natürlich die Spracherwerbsprozesse und führt zu einer Verzögerung der Sprachentwicklung.

Eine griechische Mutter, die ihren Sohn von Geburt an zweisprachig erzog, erzählte mir, dass er bis zu seinem dritten Lebensjahr keine Schwierigkeiten hatte, beide Sprachen zu sprechen. Nachdem er in den Kindergarten gekommen war, weigerte er sich plötzlich, mit ihr Griechisch zu sprechen. Er wollte, dass auch sie kein Wort Griechisch mit ihm vor anderen Kindern sprach. Ein paar Monate später wollte er auch zu Hause kein Griechisch mehr sprechen. „Warum können wir nicht Deutsch sprechen, so wie alle anderen Kinder?", sagte er immer wieder. Anscheinend erlebte es der Junge im Kindergarten als etwas Negatives, dass er auch Grieche war. Er wollte vor den anderen Kindern aber nicht negativ auffallen und lehnte deshalb die griechische Sprache ab, weil er glaubte, dass sie ihn von den anderen auf negative Weise unterschied.

Solche Beispiele sind unter den Kindern häufig zu finden, deren zweite Sprache von der Mehrheitsgesellschaft nicht positiv geschätzt wird bzw. nicht als gleichwertig mit der Umgebungssprache angesehen wird. Selten tritt eine Sprachverweigerung bei zweisprachigen Kindern auf, die als zweite Sprache eine Sprache sprechen, die in ihrer Umgebung anerkannt ist und als vorteilhaft empfunden wird. Das Sprachprestige spielt bei der Sprachentwicklung eine ganz entscheidende Rolle – das wurde auch in vergleichenden Untersuchungen festgestellt (Mahlstedt 1996).

Was kann man tun, um Sprachverweigerung bei Kindern zu vermeiden?

Zusammen mit Ihrem Partner oder Ihrer Partnerin sind Sie diejenigen, die am intensivsten und am wirksamsten – sowohl präventiv als auch akut – helfen können. Die wichtigste Voraussetzung dafür ist, dass Sie *beide* eine positive Einstellung zu *beiden Sprachen*, zu den Menschen, die diese Sprachen sprechen, und auch zu den *Kulturen*, die sie repräsentieren, haben. Nur wenn Sie beide überzeugt sind, dass beide Sprachen gleichwertig sind, dass es für Ihr Kind von Vorteil ist, wenn es diese Sprachen beherrscht, können Sie auch ihm diese Einstellungen vermitteln.

Die Erziehung zu positiven Gefühlen gegenüber beiden Sprachen bildet den Kern einer zweisprachigen Erziehung. Sie fängt bereits während der Schwangerschaft an und hört im Prinzip nie auf. Ihr Kind muss sehr früh und immer wieder von Ihnen erfahren, dass seine beiden Sprachen gleich wertvoll und wichtig sind. Und sagen Sie es ihm nicht nur. Erfahren heißt hauptsächlich Erleben. Durch schöne und angenehme Erlebnisse mit Ihnen und mit Personen, die diese Sprachen sprechen, wird Ihr Kind mit der Zeit positive Gefühle entwickeln, die zu positiven Einstellungen gegenüber diesen Sprachen führen werden. Auf den vorangegangenen Seiten habe ich Ihnen einige Alternativen vorgestellt, die Ihnen Wege zum Praktizieren dieser Gedanken zeigen.

Wenn sich Ihr Kind auf einmal weigert, vor anderen Ihre Sprache zu sprechen oder zu hören, versuchen Sie, ruhig zu reagieren (Kielhöfer/Jonekeit 2002). Sie sollten auf keinem Fall Druck ausüben, sondern zunächst versuchen, auf seine Wünsche einzugehen und das Kind zu verstehen. So könnten Sie es vorerst vor seinen Freunden im Kindergarten nicht mehr in Ihrer Sprache ansprechen. Alle Erwachsenen aus dem Umfeld des Kindes können ihm helfen, mit dieser psychischen Belastung zurechtzukommen. Sie aber sind als Bezugsperson der ‚Koordinator'. Ihr Kind braucht jetzt Unterstützung beim Aufbauen positiver Gefühle zu seiner ‚schwachen' Sprache. Es soll durch Erlebnisse erfahren, wie wichtig, aber auch wie wertvoll die Beherrschung dieser Sprache ist. Es soll sehr häufig erleben, wie schön und angenehm es ist, mit Menschen zusammen zu sein, die diese Sprachen sprechen, wie schön es sein kann, mit ihnen zusammen zu singen, zu tanzen und zu feiern. Wie jeder andere langwierige Prozess braucht auch dieser seine Zeit. Deshalb sollten Sie Geduld und Ausdauer mitbringen. Glauben Sie mir, es lohnt sich. Die Belohnung wird groß, wenn Sie eines Tages hören, wie Ihr Kind wieder in Ihrer Sprache mit Ihnen oder mit anderen spricht – und das ist schließlich das Ziel Ihrer Bemühungen. Ihr Kind sollte sich in beiden Sprachen ausdrücken können, in beiden Sprachen zu Hause sein.

Anhang

Glossar

additive Zweisprachigkeit: liegt vor, wenn die Zweisprachigkeit einen positiven Einfluss auf die Gesamtentwicklung des Kindes ausübt
äquivalent: gleichwertig
akut: momentan
balancierte Zweisprachigkeit: liegt bei einem Zweisprachigen vor, wenn beide Sprachen gleich gut entwickelt sind
bilingual: zweisprachig
Bilingualismus: Zweisprachigkeit
Code-switching oder Kodewechsel: ist das unbewusste Umschalten der Zweisprachigen von einer Sprache in die andere, ohne Vermischungen der Sprachen
Disposition: Anlage, Empfänglichkeit für das Auftreten einer Auffälligkeit
dominante Sprache: siehe starke Sprache
dominierte Zweisprachigkeit: liegt bei einem Zweisprachigen vor, wenn sich eine seiner beiden Sprachen normal entwickelt, während die andere zurückbleibt
doppelte Halbsprachigkeit: siehe Semilingualismus
Dysgrammatismus: Sprachstörung im Kindesalter. Das Kind formuliert seine Gedanken durch grammatisch falsch gebildete Sätze.
emotionale Entwicklung: Entfaltung (Ausdifferenzierung) der Gefühle des Kindes
Erstsprache: ist die Sprache, die ein Mensch in den ersten drei Jahren seines Lebens erwirbt. Sie steht im Zusammenhang mit seiner Gesamtentwicklung.
Familiensprache: wird von allen Familienmitgliedern gesprochen. Familiensprache ist bei einer gemischtsprachigen Ehe die Sprache, die die Eltern miteinander sprechen.
Interferenzen: sind interne Umstrukturierungen und Veränderungen der Sprache, die durch Überlagerungen von Elementen beider Sprachen hervorgerufen werden
Intonation/Prosodie: Satzmelodie einer Sprache
Kodewechsel: siehe „Code-switching" oder „Umschalten"

koordinierte Zweisprachigkeit: liegt vor, wenn Wörter und zugeordneten Bedeutungen getrennt erworben und gespeichert werden
kognitive Entwicklung: Denkentwicklung
korrespondierendes Wortpaar: Wörter, die in zwei Sprachen die gleiche Bedeutung haben
kulturelle Zweisprachigkeit: Die Zweitsprache wird systematisch, durch formalen Unterricht erlernt.
linguistisch: sprachlich
Mischsprache: siehe Sprachmischungen
Multiplikator: Vervielfacher
Muttersprache: Sprache, die das Kind von Geburt an erlernt. Mit dem Begriff „Muttersprache" ist bei einer zweisprachigen Erziehung die Sprache gemeint, die die Mutter mit dem Kind spricht.
Native speakers/muttersprachliche Sprecher: Sprecher, die eine bestimmte Sprache als Muttersprache oder Erstsprache gelernt haben und sie in ihrem täglichen Leben anwenden
natürliche Zweisprachigkeit: Sie liegt vor, wenn die Zweitsprache, durch den alltäglichen Umgang mit muttersprachlichen Personen in der natürlichen Umgebung, zusätzlich zur Muttersprache erworben wird.
Phonem: Laut
phonologisches System: Lautsystem einer Sprache
präventiv: vorbeugend
Prosodie: Dauer, Betonung und Satzmelodie einer Sprache
schwache Sprache: eine der beiden Sprachen von Zweisprachigen, die sie selten verwenden und nicht gut beherrschen
Schwellenhypothese: Die Entwicklung eines zweisprachigen Kindes hängt vom Entwicklungsniveau seiner beiden Sprachen ab.
semantisches System: Sprachebene, die sich auf die Wort- und Satzbedeutungen einer Sprache bezieht
Semilingualismus oder doppelte Halbsprachigkeit: liegt bei zweisprachigen Kindern vor, wenn keine ihrer beiden Sprachen altersgemäß entwickelt ist.
sensomotorische Entwicklung: ist die Entwicklung der Bewegungsfähigkeit, die durch Tasten, Sehen, Hören und Fühlen veranlasst wird
simultane Zweisprachigkeit: Sie liegt vor, wenn der Zweisprachige beide Sprachen gleichzeitig von Geburt an oder spätestens bis zu seinem 3. Lebensjahr erworben hat.
Sozialisierung: Hineinwachsen in gesellschaftliche Rollen
Sprachentwicklungsstörung: Wenn ein Kind über einen begrenzten Wortschatz verfügt, fehlerhafte Sätze bildet und eine undeutliche Aussprache hat, liegt eine Sprachentwicklungsstörung vor.
Sprachkompetenz: sprachliche Fähigkeit

sprachliche Anregungen/sprachliche Umwelt/sprachliches Input oder Sprachinput: sprachliche Äußerungen, mit denen das Kind von Menschen aus seiner Umgebung täglich konfrontiert wird

Sprachmischungen: Sie kommen beim Sprechen von Zweisprachigen vor, wenn Wörter oder Satzteile der einen Sprache in die andere Sprache innerhalb einer Äußerung eingeflickt werden.

Stammeln: bezeichnet eine Sprachstörung, bei der die Aussprache betroffen wird

starke/dominante Sprache: ist eine von beiden Sprache, die Zweisprachige am besten beherrschen und am meisten verwenden

Stottern: ist eine Sprachstörung, bei der der Sprachrhythmus betroffen ist

subtraktive Zweisprachigkeit: liegt vor, wenn sich Zweisprachigkeit negativ auf die Gesamtentwicklung eines Kindes auswirkt

sukzessive Zweisprachigkeit: liegt vor, wenn der Zweitspracherwerb in einem Alter erfolgt, in dem die Erstsprache schon einigermaßen etabliert ist, also nach dem dritten Lebensjahr

Tempus: Zeit

Umgebungssprache: ist bei einer zweisprachigen Erziehung die Sprache, die außerhalb der Familie von den meisten Menschen gesprochen wird

Umschalten: siehe „Code-switching"/„Kodewechsel"

untergeordnete Zweisprachigkeit: liegt vor, wenn die Bedeutungseinheiten in beiden Sprachen vollständig identisch sind. Diese werden aus der Erstsprache übernommen; statt des muttersprachlichen Wortes wird dann lediglich das äquivalente Wort der Zweitsprache erworben.

Vokabular: Wortschatz

Zweitsprache: die Sprache, die eine Person lernt, nachdem der Erwerb ihrer Erstsprache angefangen bzw. abgeschlossen ist

zwei- oder mehrsprachige Sprachentwicklung: liegt bei Kindern vor, die von Geburt an oder spätestens bis zu ihrem 3. Lebensjahr mit zwei oder mehr Sprachen aufwachsen

Zweitspracherwerb: liegt vor, wenn die Zweit- oder Drittsprache nach dem 3. Lebensjahr erworben wird

Literatur

◆ Fachbücher

Baker, C. (1993): Foundations of Bilingual Education and Bilingualism. Multilingual Matters Ltd. Clevedon Philadelphia-Adelaide

Baumgartner, S., Füssenich, I. (Hrsg.) (2002): Sprachtherapie bei Kindern. 5. Aufl. Ernst Reinhardt, München/Basel

Burkhardt Montanari, E. (2001): Wie Kinder mehrsprachig aufwachsen. Ein Ratgeber. 2. Aufl. Brandes & Apsel, Frankfurt am Main

Fthenakis, W. E., Sonner, A., Thrul, R., Walbiner, W. (Hrsg.) (1985): Bilingual-bikulturelle Entwicklung des Kindes. Ein Handbuch für Psychologen, Pädagogen und Linguisten. Staatsinstitut für Frühpädagogik, München

Garlin, E. (2002): Bilingualer Erstspracherwerb. Sprachlich Handeln, Sprachprobieren, Sprachreflexion. Verlag für Sprachen, München

Grosjean, F. (1982): Life with Two Languages, Harvard

Jambert, K. (2002): Schlüsselsituation Sprache. Spracherwerb im Kindergarten unter besonderer Berücksichtigung des Spracherwerbs bei mehrsprachigen Kindern. Leske + Budrich, Opladen

Hellrung, U. (2002): Sprachentwicklung und Sprachförderung. Herder, Freiburg

Kielhöfer, B., Jonekeit, S. (2002): Zweisprachige Kindererziehung. 11. Aufl. Staufenburg, Tübingen

Leist, A. (vorauss. 2003): Frühkindliche Zweisprachigkeit und soziale Netzwerke: Eine empirische ländervergleichende Studie am Beispiel Griechisch-Deutsch (unveröffentlichte Dissertation, in Druck)

Mahlstedt, S. (1996): Zweisprachigkeitserziehung in gemischtsprachigen Familien: eine Analyse der erfolgsbedingenden Merkmale. Peter Lang, Frankfurt am Main

McLaughlin, B. (1984): Second Language Acquisition in Childhood. Hilsdale, N. J.

Montanari, E. (2002): Mit zwei Sprachen groß werden. Mehrsprachige Erziehung in Familie, Kindergarten und Schule. Kösel, München

Richter, E., Brügge, W., Mohs, K. (2001): So lernen Kinder sprechen. 4. Aufl. Ernst Reinhardt, München/Basel

Saunders, G. (1982): Bilingual Children: Guidance for the Family. Multilingual Matters Ltd.

Schoen, U. (1996): Bi-Identität. Zweisprachigkeit, Bi-Religiosität, doppelte Staatsbürgerschaft. Walter, Zürich

Tracy, R. (1996): Vom Ganzen und seinen Teilen: Überlegungen zum doppelten Erstspracherwerb. In: Sprache & Kognition, 1-2, 70-92

Triarchi, V. (1983): Sprachstandserfassung bei griechischen Kindern in verschieden konzipierten, bayerischen Einrichtungen. Ladewig, München

Triarchi-Herrmann, V. (2000): Die Zweisprachigkeit im Kindesalter. Gutenberg, Athen

Ulich, M., Oberhuemer, P., Soltendieck, M., Staatsinstitut für Frühpädagogik (2001): Die Welt trifft sich im Kindergarten. Interkulturelle Arbeit und Sprachförderung. Luchterhand, Neuwied/Berlin

Volterra, V., Taeschner, T. (1978): The Acquisition and the Development of Language by Bilingual Children. In: Journal of Child Language, 5, 31-326

Wendlandt, W. (1995): Sprachstörungen im Kindesalter. 2. Aufl. Forum Logopädie. Georg Thieme, Stuttgart

◆ Broschüren

Küpeliklinc, N. (1996): Zweisprachigkeit und die Bedeutung der Muttersprache. iaf-Dokumente. Verband binationaler Familien und Partnerschaften, iaf e. V. Bundesgeschäftsstelle Ludolfussstr. 2-4, 6 04 87 Frankfurt am Main

Ministerium für Frauen, Jugend, Familie und Gesundheit des Landes Nordrhein-Westfalen (2001): Wie Kinder sprechen lernen. Entwicklung und Förderung der Sprache im Elementarbereich. Allfa Druck & Medien, Oberhausen

Bayerisches Staatsministerium für Arbeit und Sozialordnung, Familie, Frauen und Gesundheit (Hrsg.) (2000): Interkulturelle Arbeit und Sprachförderung in Kindergarteneinrichtungen. München

Behörde für Bildung und Sport (Hrsg.) (2002): Sprachförderung für Vorschulkinder. Ein Ratgeber für Eltern. Hamburg

◆ Arbeitsbücher für mehrsprachige Sprachförderung

Ulich, M., Oberhuemer, P. (Hrsg.) (1994): Es war einmal, es war keinmal ... Ein multikulturelles Lese- und Arbeitsbuch. 4. Aufl. Beltz, Weinheim/Basel

-, - (1996): Dei Fuchs geht um ... auch anderswo. Ein multikulturelles Spiel- und Arbeitsbuch. 5. Aufl. Beltz, Weinheim/Basel

◆ *Mehr- und anderssprachige Kinderbücher*

Baumgart, K. (1999): Laura's Stern. Baumhaus (Deutsch-Türkisch)
Beer, H. de (2001): Kleiner Eisbär, hilf mir fliegen. Nord-Süd, Hamburg (Deutsch-Türkisch)
- (2001): Kleiner Eisbär, kennst du den Weg? Nord-Süd, Hamburg (Deutsch-Türkisch)
- (1999): Kleiner Eisbär, lass' mich nicht allein. Nord-Süd, Hamburg(Deutsch-Türkisch)
- (1994): Kleiner Eisbär, wohin fährst du? Nord-Süd, Hamburg (Deutsch-Türkisch)
- (1994): Kleiner Eisbär, wohin fährst du? Nord-Süd, Hamburg (Deutsch-Englisch)
Hüsler, S. (1995): Der Topf der Riesin. Italienisches Märchen. Lehrmittelverlag des Kantons Zürich (Italienisch-Deutsch)
- (1990): Arzu. Geschichten eines türkischen Mädchens. Beiblatt Italienisch. Lehrmittelverlag des Kantons Zürich.
- (1990): Nana Luisa, das Zwergenmädchen. Geschichte in Deutsch. Beiblatt Italienisch. Bezug über Lehrmittelverlag des Kantons Zürich. LCH, Zürich
- (1994): Kinderverse aus vielen Ländern. Al fin Serafin. 2. Aufl. Pro Juventute, Zürich
-, Blickenstorfer-Milovíc, R. (2002): Märchen überleben. Märchen in slowenischer, bosnischer, albanischer, kroatischer, serbischer und deutscher Sprache. 3. Aufl. Pestalozzianum, Zürich
-, Stäuli, B. (2000): Mir Zoro. Ein kurdisches Märchen. Mit zweisprachiger CD. Pestalozzianum, Zürich (Kurdisch-Deutsch)
Hüsler-Vogt, S. (1997): Tres tristes tigres ... Drei traurige Tiger ... Geschichten, Verse und Spiele für die mehrsprachige Gruppe. 4. Aufl. Lambertus, Freiburg
Janosch (1998): Oh wie schön ist Panama. Beltz und Gelberg. Weinheim/Basel (Türkisch)

Adressen

Verband internationaler Familien und Partnerschaften, iaf e. V., Ludolfusstr. 2-4, 6 04 87 Frankfurt M., Tel.: +49 (0) 69 / 7 13 75 60, Fax: +49 (0) 69 / 7 07 50 92, www.verband-binationaler.de, e-mail: verband-binationaler@t-online.de
Arbeitskreis Sprachentwicklungsstörungen, Isserlin Akademie e. V., c/o Heckscherklinik Solln, Wolfratshauser Str. 350, 8 14 79 München, www.arbeitskreis-sprache.de

Die Buchreihe
»Kinder sind Kinder«

Die bewährte Ratgeber-Reihe »Kinder sind Kinder« gibt fundierte Antworten auf die verschiedensten pädagogischen Fragen und bietet praktische Hilfestellung und nützliche Tipps bei der Bewältigung von Schwierigkeiten in den verschiedenen Entwicklungsstufen vom Baby bis zur Pubertät.

Sylvia Görnert-Stuckmann   Band 22
Mit Kindern Geschichten erfinden

Sylvia Görnert-Stuckmann erklärt in diesem Buch verständlich, warum Geschichten für die gesunde Entwicklung des Kindes, aber auch zur Lösung von Konflikten wichtig sind. Sie zeigt an Beispielen, wie Sie mit einem Kind oder mit einer Gruppe von Kindern kreativ tätig sein können. Und dazu hat sie eine Auswahl an Geschichten, die sie mit Kindern und Kindergruppen erfunden hat, für Sie gesammelt.

2003. 123 Seiten
8 Kinderzeichnungen
(3-497-01644-6) kt

Nutzen Sie die Beispiele und Geschichten in diesem Buch für Ihren Alltag und zur spielerischen Förderung Ihres Kindes. Sie werden sehen – nicht nur die Kinder haben Spaß dabei.

Ernst Reinhardt Verlag • München Basel
E-Mail: info@reinhardt-verlag.de
http://www.reinhardt-verlag.de

ℛ reinhardt

Band 24 — Johann R. Krauss
Der Abenteuerspielplatz

Planung, Gründung und pädagogische Arbeit

2003. 131 Seiten
Zahlr. Abb.
(3-497-01652-7) kt

Dieses Buch beantwortet zentrale Fragen, die bei der Planung eines Abenteuerspielplatzes unweigerlich auftauchen:

- Wie beziehen wir die Kinder und Jugendlichen ein?
- Welche Vorschriften müssen wir beachten?
- Wie erarbeiten wir ein Konzept, wie setzen wir es um?

Die Beispiele geben einen Einblick, wie das Leben auf einem Abenteuerspielplatz gestaltet werden kann. Ein informatives Buch, das in die Tasche eines jeden Erlebnispädagogen gehört.

Band 23 — Sylvia Weber
Linkshändige Kinder richtig fördern

Mit vielen praktischen Tipps

2003. 124 Seiten
Zahlr. Abb.
(3-497-01646-2) kt

Sylvia Weber beschreibt in diesem Buch wichtige Grundlagen zum Verständnis der Händigkeit und erklärt, woran Eltern die Händigkeit ihres Kindes früh erkennen können. Sie gibt hilfreiche Tipps, wie Eltern, ErzieherInnen und LehrerInnen die natürliche Bevorzugung der linken Hand sinnvoll unterstützen können. Mit zahlreichen Abbildungen und Zeichnungen ist dieses Buch ein wertvoller Begleiter für Familien und alle, die im Alltag mit linkshändigen Kindern zu tun haben.

Ernst Reinhardt Verlag · München Basel
E-Mail: info@reinhardt-verlag.de
http://www.reinhardt-verlag.de

Margarete Blank-Mathieu
Kleiner Unterschied – große Folgen?

Band 20

Spätestens mit dem Eintritt in den Kindergarten wissen kleine Mädchen, dass sie Mädchen sind, und Jungen wissen, dass sie eben Jungen sind – es tut sich also etwas in Sachen Geschlechtsidentität. Die Autorin bietet eine Fülle von Informationen über die Entwicklung von Kindern, gibt praktische Hinweise für die Arbeit in Kindertagesstätten und zeigt, wie eine geschlechtsoffene und demokratische Erziehung im Kindergarten geleistet werden kann.

Geschlechtsbewusste
Erziehung in der Kita

2., aktual. Aufl. 2002
140 Seiten
(3-497-01619-5) kt

Joachim Rumpf
Schreien, schlagen, zerstören

Band 21

Der Umgang mit aggressivem Verhalten ist so vielschichtig wie das Phänomen selbst. Wichtig ist es, dass Eltern sich über Aggressionen, ihre Erscheinungsformen und Ursachen informieren und lernen, wie man in unterschiedlichen Situationen mit der Aggressivität eines Kindes umgehen kann und welche positiven Bedingungen im Umfeld des Kindes und der Familie geschaffen werden können.
Joachim Rumpf veranschaulicht anhand von zahlreichen Fallbeispielen, wie Eltern auch schwierige Situationen in der Familie meistern können.

Mit aggressiven
Kindern umgehen

2002. 120 Seiten
(3-497-01629-2) kt

Ernst Reinhardt Verlag • München Basel
E-Mail: info@reinhardt-verlag.de
http://www.reinhardt-verlag.de

℞ reinhardt

Band 19 Hermann Liebenow
Taschengeld & Co

So lernt Ihr Kind sparen und ausgeben

Mit Zeichnungen von Manfred Bofinger

2002
140 Seiten. 5 Tab.
(3-497-01609-8) kt

Hermann Liebenow beschreibt beeindruckend konkret, wie sich das Verständnis für Geld vom Kindesalter bis ins frühe Erwachsenenalter hinein entwickelt. Er schildert, welche Gelderfahrungen zu welchem Entwicklungsalter passen und wieviel Taschengeld für welches Alter angemessen ist. Weiterführende Internet-Adressen runden diesen informativen Elternratgeber ab.

Band 15 Karl E. Dambach
Mobbing in der Schulklasse

2., überarb. und aktual. Aufl. 2002
115 Seiten
(3-497-01588-1) kt

Kinder hänseln MitschülerInnen, weil sie anders aussehen oder unsportlich sind. Sie grenzen andere wegen schlechter oder auch wegen herausragender schulischer Leistungen aus. Sie stempeln andere für belanglose Ereignisse zum Außenseiter. Das war schon immer so. Und dass viele Kinder besser „austeilen" als einstecken können, wissen Eltern und Lehrer nur zu gut.
Karl E. Dambach zeigt die typischen Verhaltensmuster, die bereits in der Schule gelernt und geübt werden. Er gibt konkrete Hinweise, wie Lehrer und Eltern den gemobbten SchülerInnen helfen können und bietet Hilfen, wie das Sozialverhalten in der Schule verbessert werden kann.

ℰℛ reinhardt

Ernst Reinhardt Verlag • München Basel
E-Mail: info@reinhardt-verlag.de
http://www.reinhardt-verlag.de

E. Richter / W. Brügge / K. Mohs Band 2
Wenn ein Kind anfängt zu stottern

Kinder im Vorschulalter sprechen häufig noch nicht flüssig, und nicht immer handelt es sich dabei um beginnendes Stottern. Doch welche Zeichen deuten den Betreuenden die Unterschiede zwischen entwicklungsbedingten Unflüssigkeiten und beginnendem Stottern an? Wann sollten sich Eltern um Hilfestellung bemühen? Die AutorInnen bieten den Eltern Antworten auf diese Fragen und Informationen über Stottern und andere Redeflussstörungen für alle, die Kinder im Vorschulalter oder in der Grundschule betreuen.

Ratgeber für Eltern und Erzieher

3., neu bearb. Aufl. 1998
75 Seiten. 7 Abb. 1 Tab.
(3-497-01450-8) kt

E. Richter / W. Brügge / K. Mohs Band 9
So lernen Kinder sprechen

Viele Kinder zeigen im Verlauf ihrer Sprachentwicklung Auffälligkeiten im Satzbau oder in der Lautbildung. Wie lange darf ein Kind Fehler beim Sprechen machen? Was können Eltern für die Sprachentwicklung ihres Kindes tun? Dieses Buch gibt Eltern und ErzieherInnen einen Überblick über den Verlauf der normalen Sprachentwicklung und erläutert die dazu notwendigen Voraussetzungen. Mögliche Störungen werden aufgezeigt und erklärt. Ein Schwerpunkt liegt im Bereich der Sprachförderung: Die AutorInnen geben zahlreiche Anregungen, wie Eltern die Sprachentwicklung ihres Kindes unterstützen und wie sie fachliche Beratung finden können.

Die normale und die gestörte Sprachentwicklung

4., völlig neu bearb. Auflage 2001
89 Seiten. 6 Abb. 3 Tab.
(3-497-01587-3) kt

Ernst Reinhardt Verlag · München Basel
E-Mail: info@reinhardt-verlag.de
http://www.reinhardt-verlag.de

ɛʀ reinhardt

Band 17 Christine Hagemann / Ingrid Börner
Montessori für Vorschulkinder

2000
108 Seiten. 22 Abb.
(3-497-01541-5) kt

Mit dem Ansatz von Maria Montessori können Kinder gezielt und gleichzeitig kindgemäß auf die Schule vorbereitet werden.
Das vorliegende Buch führt grundlegend in Maria Montessoris Pädagogik ein. In einem ausführlichen Praxisteil zeigen die Autorinnen, wie man die Schulvorbereitung für Kinder von fünf und sechs Jahren mit Montessori-Material im Kindergarten gestalten kann.

Band 14 Franz J. Mönks / Irene H. Ypenburg
Unser Kind ist hochbegabt

Ein Leitfaden für Eltern und Lehrer

3. Auflage 2000
89 Seiten. 6 Abb
(3-497-01461-3) kt

Immer wieder klagen Eltern und Pädagogen darüber, dass oft erst nach langen und mühseligen Anstrengungen die richtige erzieherische und fördernde Hilfe gefunden wird, die das hochbegabte Kind so dringend braucht.
Zum Thema Hochbegabung besteht ein großes Nachholbedürfnis und ein beträchtlicher Informationsrückstand.

- Ist Hochbegabung schon im frühen Kindesalter zu erkennen?
- Sind hochbegabte Kinder problematisch?
- Wie können Erziehungs- und Schulprobleme vermieden werden?

Diese und andere Fragen beantwortet das Taschenbuch.

reinhardt

Ernst Reinhardt Verlag • München Basel
E-Mail: info@reinhardt-verlag.de
http://www.reinhardt-verlag.de

Kurt Singer
Zivilcourage wagen

Mutig die persönliche Meinung sagen, zur eigenen Überzeugung stehen, sich gewaltfrei mit Andersdenkenden auseinander setzen – das ist Zivilcourage. Viele Bürger würden sich gern einmischen: am Arbeitsplatz, auf der Straße, in Gemeinden, Schulen oder in einer Partei. Aber die Angst, gegen den Strom zu schwimmen, hält sie zurück. Dieses Buch wendet sich an alle, die sich mit sozialem Mut für mehr Menschlichkeit engagieren wollen. Sie werden darin bestärkt, Bürgermut als demokratische Tugend zu entwickeln. Anschauliche Beispiele regen Leserinnen und Leser an, Autoritätsangst, Konfliktscheu und Anpassungsbereitschaft zu überwinden. Zivilcourage ist lernbar – das zeigt Kurt Singer in seinem überzeugenden Plädoyer.

Wie man lernt, sich einzumischen

3., überarb.
Auflage 2003
204 Seiten
(3-497-01648-9) kt

Aus dem Inhalt

Im Gehorsam verlorene Menschlichkeit –
 Von Gehorsamsbereitschaft zu Bürgermut
Autoritätsangst bearbeiten – Furcht vor
 Vorgesetzten überwinden
Bürgermut ist lernbar – Gegen den Strom
 schwimmen macht stark
Der gewaltfreie Einspruch
Das Gewissen nicht verstaatlichen lassen –
 Sein Selbstbild bewahren
Von Zivilcourage zu politischer
 Mitverantwortung
Sozialer Mut in der Schule

Ernst Reinhardt Verlag • München Basel
E-Mail: info@reinhardt-verlag.de
http://www.reinhardt-verlag.de

ɛɐ/ reinhardt

Hartmut Kasten
Geschwister

Vorbilder – Rivalen – Vertraute

5. Auflage 2003
192 Seiten. 15 Abb.
(3-497-01656-X) kt

Fast jeder kennt sie: Geschwister als innige Vertraute und Geschwister als lebenslange Rivalen. Ob erfolgreicher oder entthronter Erstgeborener, ob vernachlässigter Zweitgeborener oder bevorzugtes Nesthäckchen – die Beziehung zwischen den Geschwistern beeinflusst zwangsläufig Lebensweg und Persönlichkeitsfindung.

Die Geschwisterforschung hat interessante Ergebnisse herausgefunden. Der Platz in der Geschwisterreihenfolge, das Geschlecht und der Altersabstand sind wichtige Faktoren für die Entwicklung sozialer Fähigkeiten und der Intelligenz.

Der Entwicklungspsychologe und Pädagoge Hartmut Kasten beleuchtet dieses Thema in seiner ganzen Vielfalt und den Veränderungen, von der frühen Kindheit angefangen bis ins Alter. Das Buch ist allen zu empfehlen, die selbst Geschwister haben bzw. mit der Erziehung von Kindern betraut sind und Geschwisterkonstellationen besser verstehen möchten.

Aus dem Inhalt

Geschwister bei uns und in anderen Gesellschaften
Unterschiede zwischen Geschwistern – wie sind sie zu erklären?
Welchen Einfluss haben Geburtsrangplatz und die Struktur der Familie?
Welche Rolle spielt das Geschlecht der Geschwister?

Ernst Reinhardt Verlag · München Basel
E-Mail: info@reinhardt-verlag.de
http://www.reinhardt-verlag.de